| 光明社科文库 |

社区治理与社区安全

王殿玺◎著

光明日报出版社

图书在版编目（CIP）数据

社区治理与社区安全 / 王殿玺著 . -- 北京：光明
日报出版社，2023. 5

ISBN 978 - 7 - 5194 - 7258 - 0

Ⅰ. ①社… Ⅱ. ①王… Ⅲ. ①社区管理—研究—中国
②社区安全—研究—中国 Ⅳ. ①D669. 3

中国国家版本馆 CIP 数据核字（2023）第 089024 号

社区治理与社区安全

SHEQU ZHILI YU SHEQU ANQUAN

著　　者：王殿玺

责任编辑：杨　娜　　　　　　　　责任校对：杨　茹　乔宇佳
封面设计：中联华文　　　　　　　责任印制：曹　净

出版发行：光明日报出版社
地　　址：北京市西城区永安路 106 号，100050
电　　话：010 - 63169890（咨询），010 - 63131930（邮购）
传　　真：010 - 63131930
网　　址：http：//book. gmw. cn
E - mail：gmrbcbs@ gmw. cn
法律顾问：北京市兰台律师事务所龚柳方律师

印　　刷：三河市华东印刷有限公司
装　　订：三河市华东印刷有限公司
本书如有破损、缺页、装订错误，请与本社联系调换，电话：010-63131930

开　　本：170mm×240mm
字　　数：180 千字　　　　　　　印　　张：15
版　　次：2024 年 1 月第 1 版　　印　　次：2024 年 1 月第 1 次印刷
书　　号：ISBN 978 - 7 - 5194 - 7258 - 0
定　　价：95. 00 元

前 言

　　中华人民共和国成立以来，我国建立了治保会、治安联防队等多种安全防范组织，鼓励公民广泛参与社区安全治理工作，群防群治的理念深深根植于我国的社区安全维护工作中。改革开放以来，人口的流动性增强，城市社区的异质化程度不断提高，社区居民的安全需求不断增长，这对社区的安全治理能力和公民的安全治理参与提出了更高的要求。中国特色社会主义进入新时代，在总体国家安全观的引领下，强调强化社会治安整体防控，打造共建共治共享的社会治理格局。在宏观治安环境变化的背景下，研究社区居民的安全治理参与具有重要的现实意义。

　　所谓社区安全治理参与，是指与社区安全相关的利益主体根据社区制度规范，通过一定的途径和方式进行民主参与，合作处理社区公共安全事务，以自我维护个体和集体安全的过程和行为。社区安全治理参与涉及谁参与、参与什么和怎么参与的问题，即参与的主体、客体和方式途径。本研究主要采用实地研究与调查研究的方法，以治安权理论、社会资本理论和治理理论为理论基础，从社区安全治理参与意愿和社区安全治理参与行为两个维度分析社区安全治理参与的现状及其影响因素，并进一步分析社区安全治理参与对警察信任主观感知的影响。

通过研究，笔者得出以下结论：首先，城市社区居民安全治理参与意愿相对较高，但因居民的性别、年龄、户籍、职业、受教育程度以及收入水平而异。社区认同对社区居民的安全治理参与意愿具有显著的影响，社区认同度越高，参与社区安全治理的意愿就越高。其次，在城市社区居民社区安全治理参与现状方面，居民的社区安全治理参与程度有所提高，但存在着参与实践不足、不均衡的现实；居民的社区安全治理参与行为的影响因素包括个体层面的年龄、社区居住时间、闲暇时间、受侵害经历、安全需求变化以及参与行为策略和居民社区归属感，社区层面的社区制度、社区组织的领导、社区关系网络与社区警察的态度，宏观层面的制度、政策和社会重大活动。再次，中国民众对警察的信任程度整体较高，不同性别、年龄组、户籍、受教育程度、月收入的居民对警察的信任态度存在着显著差异。参与村/居委会选举投票的受访者非常信任警察的比例相对更高，参与社区公益性活动有利于促进对警察的信任。最后，在社区安全场域，居民的公众安全感较高，但个人信息、隐私安全和食品安全构成了居民社会安全评价的短板。警察信任是居民安全感知的显著预测因素，对警察的信任程度越高，公众的安全感也越高；和睦社区关系有利于增强民众的安全感，困难时得到村/居委会的帮助的居民的安全感更高，而居民的社会接纳程度越高，公众的安全感水平也会越高；社区政治参与对公众的安全感知具有显著的影响，社区居民参与社区公共事务、活动有利于提升其安全感知水平。

基于以上研究发现，对城市社区居民的安全治理参与提出如下建议：确认社区安全共同利益，健全社区安全治理参与制度，培育居民的社区归属感，发展社区关系网络以及构建社区安全治理参与多元格局。

目 录
CONTENTS

第一章 绪 论

一、研究背景

中华人民共和国成立以来，我国经历了社会结构的急剧变迁、社会运行机制的转换以及社会生活的深刻变化。社区作为社会的"细胞"，是人们生活和交往的主要场所，也经历了深刻的变化，实现了由"单位制"到"社区制"的转变，① 人们的基本生活空间也在这种转变中得以重构。中华人民共和国成立后，逐步建立了以单位为核心的社会组织管理体制，单位不仅成为社会成员工作生活的主要场所，而且承载着人们的社会福利供给以及社会交往。在单位制下，人们的工作、生活以及社会交往空间高度重合、压缩，而整个社会在单位制度的组织下得以有效整合。在单位制运行过程中，还建立了一套街居制的管理方式，即以街道办和居委会为衔接的管理模式，但这种模式在单位制的统治下并不占主流。

① 何海兵. 我国城市基层社会管理体制的变迁：从单位制、街居制到社区制 [J]. 管理世界，2003（6）：52-62.

　　改革开放以来，随着社会经济的快速发展以及单位制的逐渐瓦解，城市基层组织方式和社会生活开始由"单位制"向"社区制"转变。以行政社区作为基层生活的物理空间形态，以居委会、业委会、物业管理委员会等作为基层生活单位的组织者，成为当前基层生活的主流形式。然而，在"单位制"向"社区制"转变的过程中，一方面，随着人口的流动性增加以及户籍制度的放松，流动人口涌入城市使得社区的流动性和开放性不断增强，人们面对的不再是熟悉的社区邻里，而往往是未曾谋面的陌生人；另一方面，伴随着近几十年各类新建商品房小区如雨后春笋般的营建，商品房社区以市场化手段运作，引入社区物业管理公司等市场主体。不过新建商品房社区人员居住密集但并不熟悉，社区交往互动不足，这加剧了社区的异质性。在这样的情况下，居民面对的是陌生人关系社区，而不再是熟人关系社区。陌生人社区以居民个体或家庭的"原子化"状态存在，只顾及个体或家庭的利益而对社区公共利益较为冷漠，社区邻里交往阻断，造成社区居民的自组织能力不足。"各人自扫门前雪，休管他人瓦上霜"，这种利益的分化和私化导致社区居民对社区公共事务参与热情降低、参与度不高，无法实现社区居民参与的组织化，从而很难将处于"散沙"状态的个体凝结成有组织的社区共同体。① 也就是说，由新建商品房小区组成的社区生活呈现居民原子化生存、社区公共性弱化、邻里关系疏远等形态，社区居民行动的个体化、私利化动机明显，社区公共责任意识淡漠，缺乏应有的社区公共精神，对社区公共事务不关心、不热心，社区参与动力和能力明显不足。

　　党的十八大以来，中国特色社会主义进入新时代。习近平总书记高

---

① 孙锋，王峰.城市社区治理能力：分析框架与产生过程［J］.中国行政管理，2019（2）：53-59.

度重视社会治理，强调"要善于把党的领导和我国社会主义制度优势转化为社会治理效能，完善党委领导、政府负责、社会协同、公众参与、法治保障的社会治理体制，打造共建共治共享的社会治理格局"①。2017 年，中共中央、国务院出台的《关于加强和完善城乡社区治理的意见》强调："坚持以基层党组织建设为关键、政府治理为主导、居民需求为导向、改革创新为动力，健全体系、整合资源、增强能力，完善城乡社区治理体制，努力把城乡社区建设成和谐有序、绿色文明、创新包容、共建共享的幸福家园。"此文件的出台意味着由社区管理向社区治理理念的转变，并明确了社区治理的主体和目标。2019 年，党的十九届四中全会通过的《中共中央关于坚持和完善中国特色社会主义制度、推进国家治理体系和治理能力现代化若干重大问题的决定》（以下简称《决定》）强调："必须加强和创新社会治理，完善党委领导、政府负责、民主协商、社会协同、公众参与、法治保障、科技支撑的社会治理体系，建设人人有责、人人尽责、人人享有的社会治理共同体。"该《决定》提出要实现基层社区治理的现代化，并将社区治理现代化看作国家治理现代化的重要组成部分。党的二十大报告进一步指出，要"健全共建共治共享的社会治理制度，提升社会治理效能"②。因此，面对社区参与不足的现实困境，党和国家也一直在致力于调动居民参与的积极性，提高社区民众的参与能力，促进社区的自组织建设，以努力营造社区共同体。也就是说，在社区治理场域，提高社区居民参与社区公共事务的主动性和积极性，引导社区居民有效参与社区治理工作，仍然

---

① 习近平. 习近平谈治国理政：第 4 卷 [M]. 北京：外文出版社，2022.
② 习近平. 高举中国特色社会主义伟大旗帜 为全面建设社会主义现代化国家而团结奋斗——在中国共产党第二十次全国代表大会上的报告 [M]. 北京：人民出版社，2022.

是当前社区治理实践中面临的重要课题。

　　由"单位制"到"社区制"的替代性转变，不仅意味着居民身份和社会生活空间的转换，更标志着基层控制方式的变化。社区作为承载个体与集体安全的场域，社区安全作为一种社区公共事务则成为社区治理的重要内容，并与每一个社区居民的安全息息相关。尤其是，随着社区的异质性和开放性不断增强，社区治安环境复杂多变，社区治安系统运行机制改变，居民的社区安全需求与需求方式呈现多元化的趋势。换言之，在社会转型发展的过程中，社会整体治安环境的变化是社区安全维护工作所面临的巨大挑战。为了应对这些挑战，在社区安全领域，实现有效的社区安全自组织治理便成为一种可能的自下而上的维护社区安全的路径选择。社区安全治理离不开社区居民的广泛参与，更需要居民的参与实践，而社区成员广泛参与安全事务为社区治理提供了进一步发展的空间。特别是随着治安多元治理理念的研究转向，大家认识到社区治安问题根源于社会，需要全社会各方参与共同面对解决，对社区治安的维护不应只是公安机关自身的工作，而需要全社会的积极参与，尤其是社区居民的广泛参与。除了警察作为维护社区安全的主要力量以外，公众参与社区安全治理、实现社区的自组织治理活动更应当得到重视。在这样的背景下，本研究主要从社区安全治理参与的角度来分析居民社区安全治理参与的内在影响机制，试图以社区安全治理参与为突破口窥探居民社区参与的有效提升路径，以期为社区安全共同体的营建提供支持。

二、研究的目的与意义

（一）研究目的

本研究在搜集国内外相关文献的基础上，基于理论分析得出假设，通过对不同类型社区的调查，旨在了解分析社区安全治理参与的现状，发现影响社区居民安全治理参与的因素，进而提出完善社区安全治理的建议。具体包括以下方面：首先，基于治理理论、社会资本理论和治安权理论，提出研究问题，实施实证调查，对调查资料进行分析回答研究问题；其次，了解并分析所调查社区居民的安全治理参与现状和社区治安组织的运行状态；再次，对社区居民安全治理参与意愿、行为进行相关分析，分析影响不同社区居民安全治理参与和公众安全感的因素；最后，基于以上分析，提出社区安全治理参与的建议或制度设想，以提高社区居民参与社区公共事务的自组织能力。

（二）研究意义

社区居民的安全治理参与程度作为衡量社区治理的重要维度，决定了社区治理的水平，也是维护社区安全的重要因素。因此，研究社区居民的社区安全治理参与具有重要的理论和实践意义。

在理论意义上，对社区安全治理参与的研究，有利于进一步丰富参与治理理论和社会治安综合治理理论。主要体现在：首先，本研究在治理理论，特别是参与治理理论的视域下，分析社区安全治理参与现状和影响机制，并试图以社区安全治理参与为突破口，提出社区参与的提升路径。社区治理离不开社区居民的广泛参与，只有社区居民有效参与社区公共事务，才能为社区治理提供保证。换言之，社区居民参与社区公共事务构成了社区合作治理的前提。社区公共安全事务作为社区治理的重要领域，同样需要社区居民的广泛参与，只有社区居民积极参与维护社区安全的公共事务，才有可能实现社区安全的有效治理。参与治理动机的培育、治理能力的锻炼以及治理效能的提升都需要在基层社会治理单位（社区）中加以实现，而这能够进一步深化我们对参与治理理论的微观认知，从而在一定程度上发展社区参与的相关理论，为研究居民的社区参与奠定基础。其次，对于居民社区安全治理参与的研究，进一步发展了关于群防群治和社会治安综合治理工作的理论论述。社区安全的维护不仅是公安机关的职责，而且需要社区居民的参与，社区居民广泛参与社区公共安全事务，是社区居民自发维护社区安全的有效途径。社会力量参与社区安全维护，这体现了社区治安综合治理的理念，是对公共安全群防群治的模式再造，对于在社会基层坚持和发展新时代"枫桥经验"具有重要意义。因此，对居民社区安全治理参与的研究，是对社区安全综合治理理论的进一步深化和重要补充。

在实践层面上，对社区安全治理参与的研究，有利于进一步深化对社区参与和社区治理实践的认识，为明确社区参与提升路径提供参考。具体体现在以下方面：首先，开展社区居民社区安全治理参与的研究，对于提高社区居民的社区安全治理参与水平和社区安全治理能力具有重要意义，为群众性社区安全自治组织的模式创新和相关政策制定提供依据；其次，从社区层面来看，本研究对所调查社区的自治性安全防范工作具有指导作用，有利于安全防范基层基础工作的开展，从而促进中国特色安全社区建设；再次，本研究为立体化治安防控体系的构建和社会治安综合治理工作的开展提供了实践借鉴，从而有利于维护社会的安全稳定和推动更高水平的平安中国建设；最后，本研究对社区居民政治参与权利的逐步实现以及基层民主的建设发展具有一定的意义。

三、文献综述

（一）国外研究综述

1. 国外关于社区参与的研究

第二次世界大战结束后，联合国提出"以社区为基础的社会发展"计划，旨在推动社区居民参与社区建设，促进社区发展。1955 年，联合国首先将社区参与列为促进社区发展的重要原则之一，指出居民的参与态度对社区建设具有至关重要的作用，有利于促进社区的持续性发展。基于这样的初衷，促进社区发展的一条重要做法就是，调动居民的社区参与热情，推动居民参与到社区工作事务中去，在调动社区居民广泛参与的同时，特别强调调动女性和青少年的参与，以扩大参与的公众基础。1959 年，联合国进一步将社区参与视为社区发展的重要内容，指出"社区发展是一种需要全社区居民的积极参与并贡献自身力量，积极建设，积极创造，实现经济与社会共同发展的过程"①。由此可见，在国际社区建设和发展的理念和实践中，社区参与早已成为促进社区发展的一项重要方法和原则，不仅在社区发展实践中得到了广泛的应用，而且积累了丰富的理论观点和论述。

20 世纪 70 年代，在资本主义国家经济滞胀的背景下，西方国家政府纷纷采取了新自由主义政策。新自由主义强调国家或政府对社会福利供给的有限责任，并认为"国家照顾应被社区照顾取代，国家成为公共服务的购买者，社区照顾以社区为依托进行推展，吸引更多的社会力

---

① 喻小俊. 社会资本视野下农民社区参与研究 [D]. 武汉：湖北大学，2019.

量参与到社区治理中来"①。这一做法赋予了社区在公民福利提供中的责任和角色，希望通过调动社区资源和力量来满足居民的各类需求，并将社区居民的广泛参与视为社区发挥公民福利供给功能的重要途径和环节，即强调居民以自组织的形式开展社区行动来获得资源和满足目标需求。20 世纪 80—90 年代，以安东尼·吉登斯（Anthony Giddens）为代表的学者们提出了"第三条道路"，强调在福利国家体制和新自由主义政策之间选择一条"折中"的政策，"强调国家承担社会福利的有限责任，居民有维护社会和谐的责任，发展社区内的志愿性组织以弥补市场失灵"②。这一思潮及其背后的政策选择注重政府和公民的双重责任，这也为居民的社区参与提供了契机和基础。

20 世纪 90 年代开始，西方社区参与研究开始转向微观领域，关注如何推动社区居民参与社区治理。如美国学者爱德华·罗斯（Edward Ross）认为，社区建设是一个过程，居民在这个过程中会根据自己的需求和目标采取行动，以实现自己的目标。③ 理查德·C. 博克斯（Richard C. Box）也认为，吸引社区居民参与是解决社区问题的重要途径，社区问题的解决离不开社区居民的参与。④ 因此，社区居民参与社区治理成为广泛的共识和普遍的实践。在社区居民参与社区治理的过程中，逐步形成了三种社区居民参与治理的典型模式。

① 韩央迪. 英美社区服务的发展模式及对我国的启示 [J]. 理论与改革，2010（3）：24-29.
② 吴晓林，郝丽娜. "社区复兴运动"以来国外社区治理研究的理论考察 [J]. 政治学研究，2015（1）：47-58.
③ 爱德华·罗斯. 社会控制论 [M]. 秦志勇，毛永政，译. 北京：华夏出版社，1989：5.
④ 理查德·C. 博克斯. 公民治理：引领 21 世纪的美国社区 [M]. 孙柏瑛，译. 北京：中国人民大学出版社，2005：8.

（1）日本的混合型模式

1969 年，为促进社区的精细化管理，日本政府基于社区问题的研究，形成了《社区：生活场所的人性之恢复》（又称《社区报告》），这是日本社区治理政策的起点，并对日本后来的社区政策产生了显著的影响。该报告指出："新型社区的基本要素存在于居民个体的意识之中，随着居民对于生活质量的要求不断提升，将迫使居民认识到社区对于个体的极端重要性。"① 这一论断强调社区居民参与的重要性，即社区居民参与社区治理不仅对社区发展至关重要，而且对居民个体的生活质量提升具有重要的促进作用。为了促进居民的社区参与，日本以"开门办规划"的形式，致力于为居民参与社区规划提供机会，从而避免因社区空间和物权引发的种种冲突。② 这种做法使社区居民能够前置性地参与到社区规划之中，并在制定社区规划过程中贡献社区居民个体的建议和提出自己的需求，甚至进行充分的讨论，从而能够避免后期因为社区规划不力而产生冲突或纠纷。在这种模式下，社区居民通过参与前期的社区规划，不仅将自己的需求反映到社区规划中，而且确保了社区居民的充分参与。

（2）新加坡的政府主导模式

新加坡的社区治理实践属于政府主导类型，该模式主要强调政府在社区治理中的作用。20 世纪 70—80 年代，随着新加坡的经济腾飞和社会发展，新加坡政府主导实施了一系列的社区治理行动，以实现社区的有效治理和满足居民的需要。这些行动主要包括：首先，加强对社区治理的整体规划，加大财政拨款促进社区建设；其次，鼓励非政府组织、

---

① 俞祖成. 战后日本社区政策的逻辑起点——基于政策文本的分析 [J]. 社会科学，2019（1）：35-43.

② 武强. 城市居民参与社区治理问题研究 [D]. 济南：山东大学，2020.

各类企业参与社区治理，促进社区建设的开放性；再次，加强社区治理的组织体系建设，成立社区居民顾问委员会、社区中心管理委员会和居民委员会，在政府的指导下实现社区的自主治理；最后，新加坡政府积极打造了社区公共事务治理平台，并"采取各种措施降低居民参与的门槛，体现对困难群体的照顾"①。在这种模式下，社区居民通过政府的政策安排参与社区治理，自主参与意识较淡薄。②

（3）美国的自治模式

美国的社区治理是一种典型的公民自治模式，强调政府以间接方式影响社区居民参与，即政府负责规划指导和资金扶持，而其他具体事务均由社区组织和民间团体组织实施。20世纪末，美国在社区层面实行了"授权区和事项社区"项目，"通过重新界定地方社区与联邦政府的关系，激发美国居民民主参与社区事务的意识和激情，以达到社区复兴、促进社区经济发展、培养个人的自助能力、实现社区增权的目的"③。这一项目的本质是强调居民自治，强调居民参与社区事务是居民的权利，居民生活社区的公共事务理应由社区居民自主决定。此外，在美国的社区自治模式下，社区社会组织发挥了不可替代的作用，积极组织和引导社区居民开展社区建设。"社区委员会、社区主任、专业社区工作者、非营利组织、社区居民、志愿者等，都作为社区治理的责任主体，对社区建设和发展负有责任和义务。"④ 在自治模式下，社区居民的自主参与程度比较高，具有较强的自组织能力。

---

① 武强. 城市居民参与社区治理问题研究［D］. 济南：山东大学，2020.
② 丁传宗. 政府主导下的新加坡社区建设：经验与借鉴［J］. 中共福建省委党校学报，2008（9）：22-28.
③ 武强. 城市居民参与社区治理问题研究［D］. 济南：山东大学，2020.
④ 孙立强. 社会管理创新下的包头市街道社区管理体制改革研究［D］. 呼和浩特：内蒙古大学，2014.

　　近年来，国外对社区参与的研究往往从政治学、社会学以及公共卫生的角度进行剖析。在政治学的学科视域下，将社区参与视为一种政治权利，公民的社区参与代表着个人的利益和价值取向。瓦苏（Vasoo）探讨了基层动员和社区参与这一议题，发现当基层领导人感到缺乏支持时，动员公民参与基层组织可能会面临困难。① 还有学者基于 2003 年加拿大综合社会调查的数据，从 15 个不同的维度对加拿大移民的社区参与程度进行了研究，结果表明，移民对公共机构（如司法、政府、警察、福利系统、教育和医疗保健等）的信任以及对宗教活动的参与水平较高，而对与东道国居民的社会互动（如信任、邻里关系、社交网络、团体活动、志愿服务等）以及与私营部门的交往（对银行等私人机构的信心）等领域的参与程度较低。②

　　社会学对社区参与的研究侧重于从社会资本和社会不平等的角度进行考察，试图通过社区参与增强社区社会资本，以消解社会不平等。以对英格兰社区参与的研究为例，尽管英格兰进行了 30 年的政策干预，但是英格兰的邻里剥夺持续存在，贫困社区的生活质量并没有显著改善。在这种情况下，通过社区参与重建社区成为重要的政策选择，而创造适合人们居住的可持续场所构成了该政策的核心，③ 也就是说，社区参与为可持续社区建设和更新提供了基石。贝丝·米尔顿（Beth Milton）等学者根据英国关于社区参与的文献样本，发现旨在促进社区

---

① VASOO S. Grass-root mobilisation and citizen participation：Issues and challenges ［J］. Community Development Journal，1991（1）：1-7.

② KAZEMIPUR A. The community engagement of immigrants in host societies：the case of Canada ［J］. International Migration，2012，50（S1）：94-116.

③ JARVIS D，BERKELEY N，BROUGHTON K. Evidencing the impact of community engagement in neighbourhood regeneration：the case of Canley，Coventry ［J］. Community Development Journal，2012（2）：232-247.

11

参与的举措对住房、犯罪、社会资本和社区赋权产生了积极影响。① 也有学者考察了文化相似性在第二代移民社区参与中的作用，发现与接受文化相似移民较少的美国相比，中国香港接收了更多文化相似的移民，并且感知文化相似性越低，居民的社区参与度越高，这种关系是由第二代移民对移民地文化的文化适应取向介导的。此外，第二代移民对家庭文化的文化适应方向预测了更高的社区参与度。② 还有学者分析了社区层面的特征（房屋所有权水平、收入和教育等）以及人口统计特征（种族、年龄和性别等）对社区参与水平的影响，并且发现社会与种族分层等因素会影响该城市地区的社区参与程度。具体而言，收入水平高和自有住房率高的社区更有可能促使居民参与到他们所在社区的活动中，而从人口统计特征因素来看，非裔美国人和 65 岁以上的人更愿意参与社区活动。③ 迪纳波利（Di Napoli）等学者引入了社区信任这一综合指标，用于衡量公民所感知的社区机会和当地文化，并指出社区信任是一个多维的指标体系，由两个不同的领域组成：社区行动导向和社区未来机会（community future opportunity）。在这些基础上，迪纳波利等还分析了社区信任、社区意识与社区参与之间的关系，并发现社区信任与社区参与显著相关，社区意识则不然，这一发现对于促进城市发展、

① MILTON B, ATTREE P, FRENCH B, et al. The impact of community engagement on health and social outcomes: a systematic review [J]. Community Development Journal, 2011, 47 (3): 316-334.

② LI M, LIN H C, MAN L, et al. Cross-cultural study of community engagement in second-generation immigrants [J]. Journal of Cross-Cultural Psychology, 2019, 50 (6): 763-788.

③ PARK S, KIM S. The degree of community engagement: empirical research in Baltimore City [J]. Jura Journal of Urban and Regional Analysis, 2014 (2): 129-142.

社会赋权和社区福祉具有重要的指导意义。①

公共卫生这一学科领域对社区参与的研究往往侧重微观层面，更加强调居民的社区参与对健康福祉的影响。例如，英国的社区参与计划包括很大一部分面临健康不平等风险的人，并持续考虑这些"边缘化"群体。也就是说，英国的社区参与举措不仅旨在显著降低健康不平等指标，还寻求让一些最边缘化、最困难或最受排斥的人群参与进来，并针对不同的健康问题和人群采用不同的方法，如社区动员/行动和社区伙伴关系/联盟等较常用的社区参与方法。② 亚历山德拉·加西亚（Alexandra Garcia）等学者认为，社区参与对于确定健康和社会需求以及规划医疗保健和社会服务项目至关重要。尽管卫生保健提供者经常关心社区居民和提供保健服务，但居民需要信任才能参与社区健康计划。因此，倾听和回应社区成员的优先事项是改善受不平等因素影响的社区居民健康状况的基础。③ 有学者以新西兰的亚裔人口为研究对象，探讨让华人社区参与健康促进计划以预防和/或减少伤害的方法，并进一步发现移民安置、缺乏沟通、社区准备和社区能力等问题会影响华人社区健康促进活动的开展，通过解决这些问题能够指导华人社区参与预防和/或减少伤害以提高他们的生活质量。④ 此外，社区参与是公共卫生研究日益重要的主

---

① DI NAPOLI, DOLCE P, ARCIDIACONO C. Community trust：a social indicator related to community engagement［J］. Social Indicators Research, 2019, 145（2）：551-579.

② BAGNALL A M, SOUTH J, TRIGWELL J, et al. Community engagement in practice in the UK：a systematic mapping review［J］. European Journal of Public Health, 2016, 26（S1）：332-336.

③ GARCIA A A, OHUERI C W, GARAY R, et al. Community engagement as a foundation for improving neighborhood health［J］. Public Health Nursing, 2021, 38（2）：223-231.

④ TSE S, LAVERACK G, NAYAR S, et al. Community engagement for health promotion：reducing injuries among Chinese people in New Zealand［J］. Health Education Journal, 2011, 70（1）：76-83.

题，特别是在被试者知情调查和招募过程中尤显重要。基于社区参与是一个持续过程的考量，系统记录社区参与过程就十分重要，通过持续记录和分析影响社区参与的累积性因素，有助于提高社区参与的响应率。① 还有学者认为，社区参与通常是通过协商而不是通过伙伴关系或委托进行的，社区对健康的参与同时也符合民主的概念。参与式的社区发展方法使社区能够对自己的医疗保健承担责任，特别是社区参与需要时间和资源，将社区资源纳入医疗保健系统并提供有关健康需求的信息，能够为社区居民带来更好的健康结果。②

2. 国外关于社区安全参与的研究

国外关于社区安全参与的研究主要聚焦以下三方面：关于"邻里守望"计划的研究、关于社区安全自治组织的研究、关于社区安全治理参与的研究。

（1）关于"邻里守望"计划的研究

"邻里守望"源自美国，在英国获得推广，其含义是由地方政府或警察部门发起，由市民志愿人员所组织的群众性自卫互助形式。"邻里守望"计划作为一种居民自治自卫的组织，对维护社区安全和增进社区的了解起到了积极作用。美国犯罪学家乔治·凯林（George Kelling）认为，在美国，警察和公众的关系被称为"共同制造者"（co-producer），两者共同维持社会秩序与安宁。③ "邻里守望"计划在不同

---

① ALLOTER P, REIDPATH D D, DEVARAJAN N, et al. Cohorts and community：a case study of community engagement in the establishment of a health and demographic surveillance site in Malaysia［J］. Global Health Action, 2014, 7（1）：123-176.

② MILTON B, ATTREE P, FRENCH B, et al. The impact of community engagement on health and social outcomes：a systematic review［J］. Community Development Journal, 2011, 47（3）：316-334.

③ KELLING G L. Police field services and crime：the presumed effects of a capacity［J］. Crime and Delinquency, 1978, 24（2）：173-184.

国家有着不同的具体做法，如英国张贴邻里守望标志牌和开展"学校"守望计划，澳大利亚实施"邻里守望"新计划等。但是，这些做法都着重改善警民关系，强调社区凝聚力的回归，以社区公众的互助守望来实现社区治安的自治和安全维护，警察则作为引导和联络的角色而存在。正如澳大利亚新南威尔士的警察指挥官约翰·艾沃力（John Ivory）指出，应该在每个社区建立社区咨询理事会，警方要和社区一起同心协力维护社区治安，改善本地的生活质量；社区和警方要加强沟通和经验交流；社区和警察必须共同分担邻里守望责任；培养良好的社区风尚；建立既适合社区又适合警方的管理模式，鼓励共同参与社区治安活动。①

（2）关于社区安全自治组织的研究

在"群防群治"组织方面，英国伦敦建立和发展了一套被称为"群防群治"的体制。"群防群治"的一个主要特点是在每个警区都设立一个自由论坛式的"社区工作聚会"，邀请每一位在该区工作或生活的公民参加，大家讨论居民提出的各种治安问题，交换信息，以有效解决危害社区治安的问题。在治安志愿者组织方面，美国的治安志愿者一般是由警察机构负责组织招募的。警察机构会推出一些执行部分警察职能的治安志愿者项目，例如备用警官项目（Programs Using Reserve Officers）、邻里守望项目（Neighborhood Watch Program）、治安巡逻项目（Programs Using Explorer Scouts）等。对于这些项目，联邦或者州政府有专项资金支持，如美国国内志愿者服务法（Domestic Volunteer Service Act）规定，资金由国家与社区服务社团（Corporation for National and

---

① 张君周. 多元文化下的澳洲社区警务 ［J］. 山西警官高等专科学校学报，2004（2）：62-65.

Community Service）统筹。① 警察机构应先提出申请，经社团审核合格后，以授予或者合同的方式向警察机构提供经费，警察机构在招募治安志愿者过程中要与参加者签订合同。日本的地区防范协会是民间防范组织的核心，这类自治组织按住地邻里关系等将居民组织起来，进行社区安全防范工作。这些群众性团体维护社会治安秩序，创建"安全一条街"，广泛开展群众性活动。② 除了地区防范协会，日本还建立行为防范组织，把某些行业，如当铺、旧货商店、服务业等特殊行业的职工组织起来，以承担治安防范任务。

（3）关于社区安全治理参与的研究

在犯罪学视域下，社区参与和青少年暴力关系的研究表明，社区参与成为减少青少年犯罪的重要途径，可以在各个层面减少青少年暴力行为。正如有学者所发现的，对于社区参与而言，合作伙伴之间的权力共享方法是区分不同参与程度的核心因素，通过分析合作伙伴之间的权力关系，以突出参与类型的差异，这对建立和维持社区伙伴关系至关重要。③ 英美国家所实施的社区警务也包含着社区安全治理参与的内容，社区警务要求警察深入社区，了解社区居民的需求，发展与社区居民的和睦关系，同时引导社区居民开展社区安全自治活动，成立社区安全自治组织，回归"邻里守望"，建立关系紧密的社区。例如，美国加利福尼亚州"社区警务12原则"强调整个社区和警察一起承担保持社会秩

---

① 邱煜. 论我国治安志愿者制度及其完善 ［J］. 山东警察学院学报，2012，24（2）：125-132.

② 黄菊良. 国外境外城市治安管理 ［M］. 北京：中国人民公安大学出版社，2003：151.

③ NAION M, BESS K, VOIGHT A, et al. Levels of community engagement in youth violence prevention: the role of power in sustaining successful university - community partnerships ［J］. American Journal of Community Psychology, 2011, 48（1/2）：89-96.

序的责任，两者必须合作共事以查明问题和开发积极主动的、社区范围的解决方案。① 但是，社区（包括邻里、家庭、学校、教会，负责组织、选举的官员和商业企业）必须得到授权才能接受确保社区安全和福利的挑战和责任。此外，肯尼斯·皮克（Kenneth Peake）分析了社区治安参与问题，发现警民沟通可以提高社区居民参与社区安全维护活动的积极性，通过吸收居民积极参与社区安全治理活动，有利于维护和促进社区安全。②

（二）国内研究综述

1. 国内关于社区参与的研究

国内现有文献对社区参与的研究颇多，对社区参与内在要素、现状、影响因素、困境以及完善路径进行了分析。

第一，关于社区参与的构成要素，有学者认为，居民参与是社区治理的基础要件，"使居民直接受益并需要居民参与执行的公共政策、对非政府主体的赋权、嵌入或拓展社区社会网络、适当的动员策略是促进居民参与的核心要素"③。边防和吕斌识别了社区治理参与机制的内在维度，包括"参与主体、社区管理和组织方式、相关政策法规及资源分配和管理"，通过完善上述维度能够提高社区治理的效率，有利于实现社区的有效治理。④ 何雪松和侯秋宇提出了"本土居民参与阶梯"模型，并将其划分为八个层次，分别是"旁观、被需求、尝试入场、被

① 肯尼斯·皮克. 社区治安与犯罪问题解决［M］. 闫月梅，李晖，庄芮，等译. 北京：中国社会出版社，2004：219.
② 喻小俊. 社会资本视野下农民社区参与研究［D］. 武汉：湖北大学，2019.
③ 王诗宗，罗凤鹏. 基层政策动员：推动社区居民参与的可能路径［J］. 南京社会科学，2020（4）：63-71.
④ 边防，吕斌. 转型期中国城市多元参与式社区治理模式研究［J］. 城市规划，2019，43（11）：81-89.

接纳、走进'圈内'、自立、主导、平衡",并且认为其是"一个从被动式参与到配合式参与,再到自主式参与的演变过程"。① 还有学者认为社区参与的前提条件是"社区居民个体通过组织内互动交流实现有序参与",而基本要素包括社会报酬、社会期望、付出成本三方面。其中,"社会报酬是指参与中获得的利益满足和情感支持,付出成本是参与中投入的资源和精力,社会期望是对参与所得的预计"。在这样的条件下,社区参与机制表现为"社区居民以社区自治机构和社区社会组织为行动载体,通过社区中的互动交往行为来获得社会报酬,同时付出一定成本,报酬与期望的比较结果决定了后续参与过程是否发生"②。如此,社会报酬、社会期望、付出成本三者之间相互作用,共同构成了社区参与的内在动力要素。

第二,关于社区参与的类型划分,李丁将社区参与划分为浅层参与和深度参与,并且发现社区居民的日常浅层参与(如文体活动、线上讨论等)能够提高居民的社区信任水平、强化社区认同度,从而促进社区社会资本的累积,不断推进居民对社区公共事务的深度参与。③ 杨敏在理论上划分了社区参与的四种类型,即强制性参与、引导性参与、自发性参与和计划性参与,④ 不同的类型在社区参与程度上存在着明显的差异。丁晶晶基于这一类型划分进一步发现中间阶层的社区参与更多的为自发性参与,并且他们"与其他居民一样,如果在整个社区参与

---

① 何雪松,侯秋宇. 城市社区的居民参与:一个本土的阶梯模型 [J]. 华东师范大学学报(哲学社会科学版),2019,51(5):33-42.
② 田舒. 社会交换视角下的社区参与:特征及机制分析 [J]. 中南大学学报(社会科学版),2018,24(5):153-161.
③ 李丁. 社区参与的层次性与累积发展——以北京回天地区为例 [J]. 社会建设,2021,8(3):48-60.
④ 杨敏. 作为国家治理单元的社区——对城市社区建设运动过程中居民社区参与和社区认知的个案研究 [J]. 社会学研究,2007(4):137-164.

过程中不能获得利益，那么必然会选择较少参与或不参与"①。此外，还有学者识别了社区参与分化的四种理想类型，即"弱邻里网络—弱社会组织型、强邻里网络—弱社会组织型、弱邻里网络—强社会组织型和强邻里网络—强社会组织型"，并且认为，这一类型划分对于理解社区参与的组织动力具有十分重要的意义。②

第三，关于社区参与的整体状况及影响因素，学者们检验了包括个体、社区等层面可能影响居民社区参与的多种因素。例如，有学者认为，目前城市社区居民自治参与总体水平低下，城市社区居民自治参与态度较为冷漠，并且因性别、年龄、婚姻状况、政治面貌、职业类别、收入水平、受教育程度和居住年限等社会人口学特征而异。③ 也有学者进一步发现，居住地的城乡属性对社区参与具有显著的影响，居住在农村的居民更有可能参与社区活动。④ 一项利用上海都市社区调查数据的研究发现，互联网使用对上海居民的社区参与具有显著的影响。具体而言，"上海居民使用互联网越多，参与社区治理活动的可能性就越大；互联网使用与社区参与之间的正相关关系在无上海户籍的租户群体中尤为显著；互联网应用的合理发展有助于将原本受到排斥的非上海户籍的租户群体纳入社区治理活动中"⑤。学者们又从不同的理论视角对居民

---

① 丁晶晶. 试论现阶段我国中产阶层的社区参与 [J]. 华东理工大学学报（社会科学版），2010，25（1）：20-27.

② 秦祥瑞，沈毅. 垃圾分类试点的社区参与分化与政府主导定位——基于 BN 市的实证分析 [J]. 学海，2020（6）：135-141.

③ 张平，吴子靖，李卓谦. 城市社区居民自治参与样态与引导策略研究 [J]. 辽宁大学学报（哲学社会科学版），2018，46（4）：14-21.

④ 谢桂华，王小榕. 城市化进程中的社区社会关系转变 [J]. 社会学评论，2021，9（3）：120-142.

⑤ 袁浩，谢可心，王体基. 城市居民的互联网行为对城市居民社区参与的影响 [J]. 城市问题，2019（4）：81-87.

社区参与的影响机制进行了深入分析。以社会空间为视角，社会空间的活动与安全对居民的社区参与具有显著影响，社会活动空间不足所导致的公共性困境是制约当前城市基层社区治理的瓶颈。① 从社会治理视域看，"城市社区居民参与深受政府部门的影响，城市社区居民的形式参与实质是一种社会动员或行政动员，而居民社区参与的理想图景应当是走向政府引导下的准自治参与"②。从社区赋权的角度来看，社区赋权对社区治理的影响并不是直接产生的，而是"通过影响社区居民的社区参与、社区结社和社区信任来对社区治理过程发生作用的"③。从政治参与的角度来看，中国城市社区居民民主选举是基层民主政治参与的重要环节，居民选举效能感、居民人格倾向、社区社会资本、选举态度、外部控制以及选举意识是城市居民参与社区民主选举的促进因素。④ 从社会资本的角度看，有学者发现，社区参与呈现"去精英化"、"老年化"以及"浅交往"式关系的特征，社区居民社会资本结构的不同、差序格局式信任结构以及对生活隐私与自由的追求，引起了社区参与动力的分化。⑤ 此外，还有学者总结道，社区参与式治理的影响因素包括内在与外在两方面，内生性向度的影响因素涵盖"经济利益、品质生活和价值追求"三个维度，外源性向度的影响因素包括"政府与

---

① 杨建科，张骏，王琦. 公共空间视角下的城市社区公共性建构 [J]. 城市发展研究，2020，27（9）：19-25.

② 任克强. 社会治理视域下城市社区居民的形式参与：逻辑、困境及其出路 [J]. 南京政治学院学报，2018，34（5）：55-60.

③ 宋煜萍，施瑶瑶. 社区赋权会推动社区治理效能的提升吗？——基于苏州市3个社区的实证考察 [J]. 新疆社会科学，2021（2）：139-149.

④ 张平，周东禹. 城市居民参与社区民主选举：何以可能与何以可为 [J]. 学术交流，2019（7）：120-128.

⑤ 张雪霖. 城市社区邻里关系性质研究 [J]. 经济社会体制比较，2020（6）：83-91.

社区管理组织"两个维度。① 学者们还分析了特定群体的社区参与现状及影响因素，许加明和曹殿杰考察了老年人的社区参与现状及影响因素，发现老年人的社区参与水平较低，性别、学历、居住状况和退休前职业是影响城市老年人社区参与的主要因素。② 一项针对北京市老年人的调查也发现，有 67.36% 的老年人愿意参与社区治理活动，但存在着"高意愿、低参与"的情况；还发现，"社区机构能力越强，老年人社区治理参与度越高，并且老年人对机构能力的偏好对两者关系存在调节效应，所以有必要降低制度性障碍对老年人社区参与的制约"③。有学者分析了"80 后"新生代青年的社会建设参与情况，发现"80 后"青年的社会公益性事业的关注度普遍较高，往往积极参与关乎个人生活利益的社会建设，但社区事业的参与度较低。④ 还有学者分析了流动党员居民的社区政治参与状况及影响因素，发现"流动党员的社区参与呈现极大的不稳定性，而'社区主人翁意识''社区党组织号召响应度''社区归属感'这三种内生要素的不足"⑤，严重影响着流动党员居民的社区参与行为选择。

第四，对社区参与中存在的问题进行剖析并提出实践对策也构成了现有研究的一个侧面。例如，刘少杰和聂石重认为，"社区参与不足是

① 卓文昊，曹现强．社区参与式治理影响因素的模式构建［J］．行政论坛，2020，27（6）：116-121.
② 许加明，曹殿杰．淮安市城市老年人社区参与现状及影响因素［J］．中国老年学杂志，2018，38（22）：5568-5570.
③ 谢立黎，陈民强．个人—环境匹配视角下城市老年人参与社区治理的影响因素——基于北京市的调查［J］．人口研究，2020，44（3）：71-84.
④ 李欣欣．新生代社会建设参与的类型与特征［J］．重庆社会科学，2012（2）：40-45.
⑤ 张洋阳．流动党员社区参与及其行为选择差异性研究——基于多元回归模型的分析［J］．江汉学术，2020，39（2）：110-119.

当前中国普遍存在的社区建设或社区治理难题"①。无论是居民选择积极参与、消极参与抑或不参与，他们都缺乏必要的知识、有效的组织、长期的坚持和有效的保障；即使选择参与，居民大多集中在社区公共事务执行阶段，没有真正参与到社区公共事务治理和决策中，从而使社区成员内部以及社区成员与政府之间存在着诸多矛盾。② 从心理层面分析社区参与困境的研究发现，社区参与面临三重心理困境，主要包括"居民对社区共同体认知不足，导致公共参与态度淡漠""居民的参与意愿和参与能力匹配不均，产生心理障碍，阻碍参与态度向参与行动转化""社区共同体心理认同偏弱，导致社区参与的整体持续性不强"③，而这些困境直接导致了社区公共精神不足。然而，社区参与不足不能简单地归因为公共性缺失，"公共性缺失本身也不是不可逾越的障碍，基层政府通过制度设计构建多层次的居民参与渠道"④，激发居民的参与意愿，能够破解当前社区参与不足的困境。黄晓燕和刘祯妍在对天津市L垃圾分类项目运作经验进行分析时，提出了"需求关联"和"重点赋权"的概念，这一对概念框架对于解决居民参与动机不足的问题具有重要的实践指导价值。其中，"需求关联是指在项目设计过程中，通过中介活动的引入，服务对象的个体需要与项目的整体目标产生关联，从而引导服务对象参与项目活动，最终积极参与社区事务；重点赋权是通过组建、引导社区自组织以主体身份参与社区事务，提升居民社区归

---

① 刘少杰，聂石重. 社区参与不足的结构分析与空间考察［J］. 河北学刊，2020，40（4）：171-178.

② 武强. 城市居民参与社区治理问题研究［D］. 济南：山东大学，2020.

③ 邓雅丹，葛道顺. 社会心理视角下的社区参与［J］. 甘肃社会科学，2020（3）：108-114.

④ 徐林，徐畅. 公民性缺失抑或制度供给不足？——对我国社区参与困境的微观解读［J］. 苏州大学学报（哲学社会科学版），2018，39（2）：32-40.

属感、认同感，强化居民社区主体意识，同时在此过程中对其输入专业知识与技术，并让渡部分活动执行权，以提升居民社区参与能力，从而最终达到推动居民社区参与的目的"①。也就是说，这一对概念强调关注和识别居民的关联需求，并通过重点赋权的方式满足居民的需求。还有学者认为，目前群众参与社区治理存在"制度体系不细致、制度渠道不畅通、法制化程度不高、组织协作性不足"等问题，"坚持和完善群众参与社会治理的制度化建设"是确保社区居民规范有序参与社区治理的重要渠道。② 同样的观点认为，群众在制度化参与社区治理过程中存在着"权""能""位"先天不足的问题，而通过为群众制度化参与"还权、赋能、归位"，能够畅通群众参与社区治理的制度化渠道。③ 此外，青年群体的社区参与不足问题引起了学者的特别关注。例如，一项针对青年群体社区参与的研究表明，青年职业群体在以居民身份参与楼宇社区治理时面临着"身份冲突、身份危机与身份挣扎"等多重身份困境，通过"在楼宇社区建立党群组织、提供社区服务和开展公益慈善事业"方式，有利于青年职业群体的身份再造和主体性意识强化，从而促进青年群体的社区参与。④ 在现有文献研究中，学者们从其他不同的视角建构了居民社区参与的提升路径。从党建的角度来看，有学者认为，当前党建引领公众参与社区治理的模式是推动社区治理创新的重要实践，具有广泛的推广价值，但在党建引领社区治理中也存在"公

---

① 黄晓燕，刘祯妍. 需求关联与重点赋权：居民社区参与的撬动点——以天津市 L 垃圾分类项目为例 [J]. 社会福利（理论版），2020（2）：27-32.

② 蒲新微. 群众参与社区治理的制度化建设：问题与路径 [J]. 江海学刊，2020（3）：248-253.

③ 蒲新微，衡元元. 还权、赋能、归位：群众制度化参与社区治理之路 [J]. 南京社会科学，2021（2）：68-73.

④ 汪鸿波，费梅苹. 城市青年职业群体参与社区治理的身份困境与再造——基于上海楼宇社区治理的考察 [J]. 学习论坛，2019（8）：80-84.

民参与主体行政化、认知片面化、行为仪式化"等问题，仍需要不断提高居民的社区治理主体地位，增强居民的社区治理参与意识。① 还有学者从社区治理现代化的角度提出了促进社区居民参与的有效路径，如李翌萱认为，增强社区居民参与能力是实现社区治理现代化的重要内容，通过评估社区居民的参与需求，凝聚社区治理骨干力量并充分发挥社会组织的治理优势，能够促进社区治理水平的有效提升。② 以四川省成都市的基层治理创新实践作为分析样本，社区治理应以社区为基本单元，以促进居民参与为主线，通过"建立社区参与使能系统、营造社区参与使能场域、细化社区参与使能过程"，促进社区治理运行机制的优化。③ 在中国情境下，参与式社区治理实践得到更多的关注，如何有效扩大社区居民参与以及如何将社区的参与优势转化为治理优势构成了参与式社区治理的双重命题。为了回答这两个命题，有学者认为，通过"社区居委会的需求发掘、居民积极分子的联络、社区需求优先性排序和多元化的组织保障"，能够扩大居民的社区参与，通过增进社区邻里关系、消减社会距离与权力距离而增进社区融合，则能够提升社区治理绩效，从而将社区参与优势转化为治理优势。④

第五，关于社区组织参与社区治理这一研究主题，学者们认为，草根社区组织的有效参与是推动社会治理重心向基层下移，以及社会治理共同体建设在社区层面得以落地的关键，草根组织通过"根植于基层

① 李涛，王海斌，宋玉营．党建引领公民参与城市社区治理问题研究——W 社区"小社区+大党委"治理模式的启示［J］．广西社会科学，2020（4）：59-65.
② 李翌萱．城市居民社区参与的内容分化与组织优化——基于 L 市 B 社区和 Q 社区的案例比较分析［J］．城市问题，2020（7）：84-90.
③ 谈小燕．以社区为本的参与式治理：制度主义视角下的城市基层治理创新［J］．新视野，2020（3）：80-87.
④ 郑姗姗．参与式社区治理的实践路径与建构机制——基于互动仪式理论的多案例研究［J］．中国地质大学学报（社会科学版），2021，21（2）：119-129.

党建引领的政治嵌入和居民需求带动的邻里嵌入来构建其参与治理的行动策略，并相应选择主动合作、默认合作、避免合作和不合作的行动策略"①。杨宝和李津认为，居民参与社区社会组织显著地促进了其公共事务参与，这种促进关系在熟人社区与陌生人社区中均能够实现；并且"社区社会组织促进居民公共事务参与的影响在较为频繁的邻里交往中表现得更加明显"，即邻里交往是社区社会组织促进公共事务参与的重要条件。②

第六，居民的参与意愿是参与行为的前提，但参与意愿并不必然转化为参与行为。在这样的判断下，学者们分析了居民参与意愿与参与行为之间的关系，发现大多数居民具有社区参与的意愿，但仅有少数居民将社区参与意愿转化为实际参与行为；"自我效能感低、社会资本匮乏、社区情境体验差"是居民社区参与意愿转化为行为的主要障碍因素。③ 参与意愿与参与行为之间的落差可以从实证调查数据分析中得到证明。2015 年 8—9 月在湖北省黄石市、十堰市、武汉市三地的问卷调查显示，居民在社区参与的不同维度均表现了参与意愿与参与行为之间的背离。在社区公共事务决策方面，33.5%的受访者表示不愿意参与，66.5%的受访者表示愿意参与，而在愿意参与的受访者中，有 29.9%的受访者有实际参与行为，有 70.1%的受访者无实际参与行为。在社区重要事项评估方面，37.9%的受访者表示不愿意参与，62.1%的受访者表示愿意参与，而在愿意参与的受访者中，有 25.8%的受访者有实际参与

① 彭小兵，廖建娥.双重嵌入：草根组织参与社区治理的行动逻辑——基于重庆市 N 社区的实践 [J].社会工作，2021（1）：77-89.
② 杨宝，李津.社区社会组织、邻里交往与公共事务参与——基于 CGSS2012 的实证分析 [J].学习论坛，2019（4）：76-82.
③ 田北海，王连生.城乡居民社区参与的障碍因素与实现路径 [J].学习与实践，2017（12）：98-105.

行为，有 74.2% 的受访者无实际参与行为。在社区公共事务管理方面，39.6% 的受访者表示不愿意参与，60.4% 的受访者表示愿意参与，而在愿意参与的受访者中，有 29.0% 的受访者有实际参与行为，有 71.0% 的受访者无实际参与行为。在监督社区公共事务运行情况方面，38.9% 的受访者表示不愿意参与，61.1% 的受访者表示愿意参与，而在愿意参与的受访者中，有 28.7% 的受访者有实际参与行为，有 71.3% 的受访者无实际参与行为。在社区治安联防活动方面，33.9% 的受访者表示不愿意参与，66.1% 的受访者表示愿意参与，而在愿意参与的受访者中，有 31.6% 的受访者有实际参与行为，有 68.4% 的受访者无实际参与行为。在社区环保活动方面，25.3% 的受访者表示不愿意参与，74.7% 的受访者表示愿意参与，而在愿意参与的受访者中，有 47.4% 的受访者有实际参与行为，有 52.6% 的受访者无实际参与行为。在社区志愿者活动方面，27.5% 的受访者表示不愿意参与，72.5% 的受访者表示愿意参与，而在愿意参与的受访者中，有 39.6% 的受访者有实际参与行为，有 60.4% 的受访者无实际参与行为。在社区教育、宣传、培训活动方面，30.8% 的受访者表示不愿意参与，69.2% 的受访者表示愿意参与，而在愿意参与的受访者中，有 38.6% 的受访者有实际参与行为，有 61.4% 的受访者无实际参与行为。在社区公共文化娱乐活动方面，29.8% 的受访者表示不愿意参与，70.2% 的受访者表示愿意参与，而在愿意参与的受访者中，有 45.1% 的受访者有实际参与行为，有 54.9% 的受访者无实际参与行为。[①] 从上述数据结果可以发现，在不同的社区参与维度，愿意参与社区治理的受访者中，无实际参与行为的居民所占的比例要更大，这表明居民在社区参与意愿与参与行为之间存在着明显的背离现象。

---

① 田北海，王连生. 城乡居民社区参与的障碍因素与实现路径 [J]. 学习与实践，2017（12）: 98-105.

此外，还有学者分析了居民社区参与的群体性特征。例如，彭大松和苗国比较了乡—城、城—城两类非户籍人口社区参与的差异，发现乡—城非户籍人口的社区参与主要是以满足居民的个体身份认同和日常"工具性"需求为主要目标，离"治理"意义上的社区参与尚有差距，而城—城非户籍人口的社区参与兼具"工具性"和"权益性"双重特征。① 张静波和周亚权将北京农村社区划分为四种类型，即传统农业社区、城乡过渡型社区、迁移型社区和现代型社区，并基于这一类型划分发现，不同类型农村社区居民参与乡村治理的价值取向、行为动机、参与效果和结构特征存在较大差异，推进居民的社区参与应根据社区的不同类型采取差异化的措施。②

2. 国内关于社区安全参与的研究

（1）关于社区安全自治组织形式的研究

社会警务组织是国家警察的辅助力量，具有社会政治属性、法律属性和经济属性，其中，企事业单位内部治安保卫组织、保安服务组织和基层治安自治组织是我国社会警务组织的三种主要类型。③ 国内学者对各类不同的社会警务组织或治安自治组织做了具体的研究，大多是对治保会、治安联防队以及单位内部的治安保卫组织所作的专门论述。一是对治保会的研究。何亦新考察了城市治保会的现状，认为目前城市治保会运行中存在着机构不完善、治保人员职能不专一、队伍老龄化、组织

---

① 彭大松，苗国. 家庭化流动背景下非户籍人口的社区参与研究——基于广义分层线性模型的分析 [J]. 人口与发展，2020，26（5）：62–72.

② 张静波，周亚权. 乡村治理视角下的北京农村社区类型与社区参与 [J]. 新视野，2018（6）：81–88.

③ 惠生武，耿巍. 我国社会警务组织的性质与类型研究 [J]. 山东警察学院学报，2014，26（4）：122–129.

机制不严、保障机制不到位等问题。① 刘知音从治保会的制度化保障和管理的角度来阐述如何完善治保会的工作，其观点是将"三权"管理融入治保会工作中，即规范治保会的任用考核权、管理使用权和工资发放权来强化对治保会工作的保障和建设。② 二是对单位内部治安保卫的研究。章昌志从单位负责和公安监督两方面来明确内保体制改革的思路。他认为，随着旧有的企事业单位内保体制的解体和单位负责、政府监管的内保新体制的确立，"应明确单位负责的责任范围和权力边界以及政府监管特别是公安机关监管的职权边界和责任范围，理清单位保卫与公安机关之间的关系属性等问题"③。闵剑在分析《企业事业单位内部治安保卫条例》的基础上，认为该条例确立了"单位自治，政府监管"的单位内部治安保卫的机制，单位内部治安保卫工作应实行单位负责制，而单位自治权力必须在法律的框架内运行。④ 三是对治安志愿者组织的研究。治安志愿者组织是一种民间治安自治组织形式。国内不少学者对我国目前的志愿者队伍及其组织进行了研究，但是专门针对治安志愿者组织的研究还比较匮乏。在已查阅到的文献中，盛虎对治安志愿者的作用以及队伍建设进行了研究，他认为"治安志愿者立足社区，积极参与社区治安活动，有效地震慑了违法犯罪，在创造良好的社区治安环境、维护社会治安稳定中发挥了重要作用"⑤。左袖阳从法律的视

---

① 何亦新. 城市治保会的现状分析 [J]. 湖南公安高等专科学校学报, 2000 (2)：51 -53.

② 刘知音. 论"三权"管理与治保会工作 [J]. 江西公安高等专科学校学报, 2003 (5)：72-74.

③ 章昌志. 内保体制改革与创新——单位负责与公安监督 [J]. 北京人民警察学院学报, 2006 (1)：5-9.

④ 闵剑. 市场经济条件下单位内部治安保卫的新构想——评《企业事业单位内部治安保卫条例》[J]. 上海公安高等专科学校学报, 2006 (1)：64-67.

⑤ 盛虎. 加强治安志愿者队伍建设的思考 [J]. 求实, 2004 (6)：48-49.

角研究治安志愿者的法律角色、法律关系和地位，认为需要"实现治安志愿者活动的规范化、制度化，理顺治安志愿者的法律关系，采取科学的法律关系模式，合理确立主体之间的权利义务"；他还把治安志愿者法律关系划分为行政指导型与合同关系型两种主要模式。① 四是对社区警务理事会的研究。熊一新将社区警务理事会作为研究治安自治模式创新的切入点，认为社区警务理事会是新时期社会主义市场经济条件下治安自治和群防群治工作的全新模式；并进一步把社区警务理事会定义为"以服务为主，满足居民安全需求，提高居民生活质量和居民居住环境舒适度的社区民间组织，其性质属于社区民间组织，具有组织性、公益性、自治民间性、自愿参与性和非营利性五大特征"②。此外，还有学者分析了社交平台自治组织这种新型社会治安组织类型的治安功能，认为社交平台是平台治安治理的关键力量，在"调解纠纷、防范违规违法行为、营造良好网络空间环境、维护网络社会治安秩序"等方面发挥了突出作用。③

（2）关于社区安全群防群治的研究

群防群治是群众自治性安全防范活动，是公民自发维护社会治安的重要形式，具有治安自治的性质。就群防群治工作的起源与发展来看，张淑平、陈玉友总结了我国群防群治工作的历史发展过程，认为群防群治工作最早源于中华人民共和国成立初期的治安保卫委员会。改革开放后建立的治安联防队是适应改革开放初期群防群治工作的专门组织。后

---

① 左袖阳. 治安志愿者法律关系模式研究 [J]. 中国人民公安大学学报（社会科学版），2009，25（3）：51-55.

② 熊一新. 关于社区警务理事会若干问题探讨 [J]. 中国人民公安大学学报（社会科学版），2006（5）：1-6.

③ 赵芸，张紫翌，姚佳瑶，等. 社交平台自治组织的治安功能及其治理模式 [J]. 贵州警察学院学报，2020，32（2）：87-94.

来，治安联防队更名换姓为保安队，有的地方称协警队，有的地方又称巡防队。① 1988年全国人大常委会颁布的《关于加强社会治安综合治理的决定》和公安部转发《关于加强新形势下城乡治保会工作的意见》的通知，第一次提出"群防群治"的概念，并对其组织形式、工作机制做了明确定位。群防群治成为一个具有特定内容、固定组织形式和工作模式的较为完整的概念。不同学者对群防群治组织类型也做了相关论述。熊一新、李健和把目前治安自治组织归结为五类：村民委员会、居民委员会、社区管理委员会中的治安保卫委员会；配属公安派出所、在治安警察直接带领下从事治安管理与安全防范的治安联防队伍、社区保安队伍等；公众自愿义务参与、社区管理部门规范组织的街区巡逻、楼院守护等组织；民间纠纷调解组织，以及青少年帮教组织等；监外罪犯监督改造组织。② 张淑平、陈玉友同时认为当前我国群防群治的组织形式有村委会（居委会）管理的治保会等群众性自治组织，机关、团体、企业、事业单位内部治安保卫组织（保卫科、保卫处等），保安服务公司以及乡镇、街道出资的由公安机关直接进行业务管理的保安队。③

"枫桥经验"形成于社会主义建设时期，发展于改革开放时期，创新于中国特色社会主义新时代，是群防群治工作开展的典范，也是社区治安自治的典型模式，不少学者对其进行了专门的研究。翁里等人认为"枫桥经验"所显示的群防群治和居民治安自治力量对现阶段城市化建

---

① 张淑平，陈玉友. 论我国当前群防群治工作 [J]. 湖北警官学院学报，2008（2）：82-86.

② 熊一新，李健和. 治安管理学概论 [M]. 北京：中国人民公安大学出版社，2007：48-50.

③ 张淑平，陈玉友. 论我国当前群防群治工作 [J]. 湖北警官学院学报，2008（2）：82-86.

设中的社区治安管理和犯罪预防工作具有借鉴意义。① 吴锦良把"枫桥经验"看作化解基层矛盾的经验,并且把"枫桥经验"的做法总结为以下四个方面,即"四前工作"法、"四先四早"工作机制、大调解机制和网格化管理。② 在"枫桥经验"的实践过程中,逐步形成了丰富的价值内涵,主要包括党的领导(党建引领聚民心)、民意导向(以人民为中心的理念)、预警预防(矛盾化解在萌芽)、三治融和(摘帽和评估制度)以及夯实基层(首创群防群治观)。③ 还有学者认为,以"枫桥经验"为基础传承,我国建立起了共建共治共享的社区警务模式,而发案少、社区安全、百姓满意就是这一警务模式实施效果的测度标准。④ 对于"枫桥经验"警务模式的创新,有学者倡导在"情感—技术—法治"基础上构建兼具"秩序性"和"动力性"的"枫桥式"基层治安治理模式:优化社区"情感联结",拓展"情感治安"治理体系;促进大数据等信息技术的制度性有效嵌入,创新完善"智慧治安"治理体系;加强基层治安法治化建设,建立健全"法治治安"治理体系。⑤

(3) 治理理论视域下社区安全治理研究

随着治理理论的影响日深,学术界把治理理论引入社区安全治理研

---

① 翁里,刘献明,刘萍."枫桥经验"与社区化治安管理 [J].浙江公安高等专科学校学报,2004 (3):19-21.
② 吴锦良."枫桥经验"演进与基层治理创新 [J].浙江社会科学,2010 (7):43-49.
③ 王世卿,杨叶锋.枫桥经验:历史、价值与警务模式创新实践 [J].中国人民公安大学学报(社会科学版),2018,34 (6):49-57.
④ 王庆锋.新时代枫桥警务模式及其测度体系 [J].中国人民公安大学学报(社会科学版),2018,34 (6):58-61.
⑤ 姬艳涛,李宥成.新时代"枫桥式"基层治安治理模式探究——基于序次 Logistic 回归模型的实证分析 [J].河北法学,2020,38 (3):135-148.

究中，将其作为社区安全治理研究的理论范式之一。焦俊峰以政治学中国家正式力量和社会非正式力量的划分为基础，论述了治安治理理念的内容及其实现途径，认为治安治理是指"运用国家正式力量和社会非正式力量解决治安问题的诸多方式的总和，是各方针对治安问题采取联合行动的过程"①。程金生、周茜蓉提出了"社会治安善治"的概念，这一概念是社会治安治理概念的延伸，社会治安治理的最终目的是达到社会治安的善治。"社会治安善治"把来自国家强制力的国家治安治理和来自社会资本的社会治安自治有机地统一起来，它在我国实施的现实路径是国家治安治理吸纳社会治安自治，它的未来发展方向则在于使国家治安治理嵌入社会运行的整体逻辑中。② 王均平教授提出了"社区治安群"理论，在王均平看来，社区治安群的概念内涵与社会治安综合治理具有一定的相似性，它是指"社区内相互依赖的治安治理组织和个体之间为达成共同的治安目标而在知识、技术、资源等方面结成互补关系，并以此为基础形成以降低社区治安体系内部的互动成本、克服本位壁垒、取得超值效益为主要特征的社区治安网络或治安共同体"③。治理理论强调倡导政府、企业、第三部门发挥自身优势共同参与公共产品的供给，基于这样的理论逻辑，社区治安产品供给应是"多元主体参与、多元机制并存，通过治理主体之间权力、责任、资源的合理配置"，形成有效的社区治安产品供给机制。④ 在平安社区建设的语境下，平安社区建设与社区安全治理相互契合，并存在两种不同的取向，一种

---

① 焦俊峰. 论治安治理理念及其实现途径 [J]. 中国人民公安大学学报（社会科学版），2010，26（1）：18-23.

② 程金生，周茜蓉. 论社会治安善治 [J]. 广东教育学院学报，2009，29（6）：10-17.

③ 王均平. 社区治安群论 [J]. 公安大学学报，2002（2）：83-89.

④ 刘学伟. 基于公共治理的社区治安产品供给机制创新研究 [J]. 新疆大学学报（哲学·人文社会科学版），2012，40（3）：40-43.

是政府直接主导型，另一种是社区自主推进型，而当前的平安社区建设需要从政府直接主导型向社区自主型转变，以增强平安社区建设的自主性维度。① 还有学者倡导以居民幸福感为导向的社区治理改革，通过"推动基于复合型社区安全感提升的基层治理转型，探索社区治安保障的共建共治共享机制"，为基层社区治理提供不竭动力。②

（4）对社区安全（治安）参与的研究

国内学者大多把社区治安参与作为社区居民参与社区自治的一个方面，把参与社区治安事务的程度作为衡量社区自治程度的重要指标，而较少单独论述。在社区安全参与的概念、类型和方式方面，康大民教授认为"公安的实质是人民治安，是公众的治安、公众参与的治安，参与治安是公民的公共权利（public right），人民是维护治安的基础力量"，并主张将公众的参与程度列入治安效益的评价范畴。他还强调放开发展社区治安自治活动，认为社区治安自治的首要动力是社区居民治安方面的权利和义务；重视社会治安自治组织的作用，应促进治保会、民间义务治安组织、治安志愿者组织等的发展；强化居委会的自治职能，开创有中国特色的社区治安自治体制。③ 李建明、李建强具体阐述了引导公众有序参与城镇治安的方式方法，两位学者认为这些方式方法主要包括宣传教育、言论启迪、主动引导、警务体验、规范约束、宣讲故事、赞扬批评、典型示引、活动牵引、结对帮带等。④ 袁振龙、袁正

① 蓝宇蕴. 论自主性的"治安社区"建设［J］. 社会工作与管理，2014，14（3）：70-78.

② 黄晴，徐雅静. 社区安全感知与居民幸福感研究［J］. 山东社会科学，2021（6）：72-79.

③ 康大民. 人民治安刍议［J］. 中国人民公安大学学报（社会科学版），2005（5）：58-63.

④ 李建明，李建强. 论引导公众有序参与城镇治安的方式方法［J］. 公安教育，2006（8）：53-55.

加认为社区治安参与是治安社会参与的一种形式，并把社会治安的社会参与界定为"社会和公民为改善社会治安状况、维护社会安全而采取各种实际行动参与社会治安防控的行为"；他们进一步对社会治安社会参与的类型进行了划分，认为社会治安社会参与可以分为职责性参与、职业性参与、自治性参与、协助性参与和志愿性参与5种类型；两位学者特别提出所谓"自治性参与"，是指"在基层社区（村）通过居民（村民）自治的形式参与社会治安的一种形式，是社会治安的基层依靠力量"。① 基于上海的实践经验，有学者以社区安全为切入点，提出了"政府—研究机构—社会组织—社区"多元参与的社区安全治理实践模式，而这意味着走出了一条社区公共事务民众参与方式的创新路径。②

在对社区安全参与状况的研究中，卢国显从社会距离和社会融合的视角对农民工的治安参与问题做了实证研究，认为治安参与是"政治参与和社会治安防控体系建设的有机构成部分，是社会公众在现有制度框架内参与治安活动的行为"；同时指出，治安参与的形式包括参与社区巡逻工作、参与警务机构的宣传教育活动、为警务机构提供治安信息、协助警务机构处理社区问题等；他在调查的基础上，指出农民工的参与意愿较低，并从个体、社区等层面分析了影响农民工治安参与的因素，提出了加强社区治安自治组织、健全治安参与机制等措施。③ 此外，社区安全参与还存在着性别差异，女性在城市社区治理权力结构中居于核心地位，是城市社区安全事务的主要参与者，长期生活于"私

---

① 袁振龙，袁正加. 社会治安社会参与的类型及其动力机制初探 [J]. 江西公安专科学校学报，2008（2）：37-41.
② 滕五晓，陈磊，万蓓蕾. 社区安全治理模式研究——基于上海社区风险评估实践的探索 [J]. 马克思主义与现实，2014（6）：70-75.
③ 卢国显. 农民工治安参与的实证研究 [J]. 中国人民公安大学学报（社会科学版），2008（5）：131-136.

人家庭"的女性，亦有能力参与公共安全事务。①

在社区安全参与的影响因素方面，有学者探讨了社区安全氛围与居民参与（参与意愿和参与能力）、社区归属感之间的关系，居民参与意愿对社区归属感和社区安全氛围有直接正向影响，居民参与能力对社区归属感和安全交流、安全教育、风险准备、管理重视亦有直接正向影响，而社区归属感在居民参与对社区安全氛围的影响中起部分中介作用。②

（三）文献述评

综观国内外已有的研究成果，可以看出学术界对城市社区居民参与社区安全治理这一领域进行了较系统的研究，在社区安全治理的组织形式、治安组织在警务结构中的作用、治安组织在改革中的问题及路径等方面产生了很多有价值的成果，具有一定的启示意义。但是，关于城市社区居民参与社区安全治理的研究在以下方面仍有很大的补充空间：一是在研究层面上，学术界大多从宏观上研究社区建设和发展中城市社区自治问题，而较少从社区安全视域下对社区安全治理参与进行专门的论述。因此，一方面，有必要分析社区居民在社区人口快速流动的背景下的社区安全治理参与状况；另一方面，有必要系统地考察影响社区居民社区安全治理参与的各种宏观和微观因素。二是在研究内容上，学者们关注的大多是城市社区安全自治组织的形式、改革与发展问题，甚至有的学者对各类社区安全自治组织进行了专门的研究，但较少对社区居民的社区参与问题及其对警察信任、公众安全感知的影响进行研究。三是

---

① 郭夏娟. 性别与城市社区安全："低阶政治"视域中的女性参与［J］. 妇女研究论丛，2011（3）：13-21.
② 佟瑞鹏，翟存利. 社区安全氛围与居民参与、归属感的关系研究［J］. 中国安全科学学报，2018，28（5）：56-61.

在研究方法上，以往对社区安全治理参与的研究大多是以规范研究为主，个案分析为辅，甚至有的是公安民警对实践经验的总结，而较少用调查研究方法研究社区居民的社区安全治理参与问题。因此，对于城市社区居民参与社区安全治理的研究有待完善和深化，尤其是在社区流动性增强、社区类型多样化和社区人口异质化的趋势下，社区安全问题引发了社会各界的关注，在这一社会情势下，有必要对城市社区居民的社区安全治理参与问题进行专门研究。

四、研究问题与研究内容

本研究从社区安全的视角，分析社区安全治理参与的现状及影响机制，并试图以此为棱镜来透视居民的社区治理参与过程，从而为社区治理实践提供借鉴。基于这样的研究考虑，本研究主要聚焦以下问题：社区居民参与社区安全治理的现状如何？有哪些因素影响居民参与社区安全治理？其参与机制和动力是什么？社区居民的安全治理参与又会如何影响居民的安全感？如何在实践层面进一步调动社区居民参与社区安全治理的积极性？这些都是本研究在理论与实践层面所要分析和回答的问题。

根据上述研究问题，本研究的研究内容主要包括：一是社区安全治理参与的现状。基于社区实证调查，主要从社区安全治理参与意愿和实际参与行为两个侧面来了解社区居民的社区安全治理参与的整体现状。二是居民参与社区安全治理意愿的影响因素。基于社会资本理论，分析社区认同、社区社会资本对居民社区安全治理参与意愿的影响。三是居民参与社区安全治理的实际行为及影响因素。基于社会资本理论、治安权理论以及治理理论，分析居民社区安全治理参与行为的影响机制。四是居民参与社区治理活动对警察信任、公众安全感的影响。在实证数据分析的基础上，研究警察信任、公众安全感的基本状况，社区参与和警察信任的关系以及社区参与、社区团结、警察信任对公众安全感的影响。五是对居民参与社区安全治理提出对策。在上述分析的基础上，提出居民社区安全治理参与的提升路径，从而为提高居民的社区治理参与和实现社区的有效治理提供借鉴。

五、居民参与社区安全治理的现实意义

社区居民的社区安全治理参与活动对于社区居民、社区、社会发展以及社区警务建设都具有重要的现实意义。

（一）就微观层面而言，社区居民的社区安全治理参与对居民个体具有重要意义

首先，可以满足居民自身的安全需要。在亚伯拉罕·马斯洛（Abraham Maslow）的需要层次理论中，安全的需要是第二层次的需要，是人生存发展的基本需要之一。安全需要有个体安全需要与集体安全需要之分，从具体内容上，包括生命、财产、工作与环境等方面的安全需求。社区安全需要是居民参与社区安全治理工作的深层次动力，居民在社区安全治理互动中创造良好的治安环境，预防社区违法犯罪行为，营造更安全的小区，从而满足自身的安全需要。

其次，有利于提高个人的社区安全治理参与意识和参与意愿。居民的安全意识特别是安全治理参与意识直接影响着居民参与社区安全治理工作的状态和层次，也关系到居民个体的安全需求的满足程度。社区居民参与社区安全治理工作，可以从中获得维护社区安全的经历与经验，

并从中得到安全收益，从而提高个人参与的主动意识和意愿。

最后，有利于增强居民的社区认同感、归属感。居民的社区认同感与归属感影响居民的社区安全治理参与。但反过来，居民通过参与社区安全治理共同营造安全而紧密联结的社区共同体，又会对居民社区认同感与归属感的培育与维持产生积极的作用。居民参与社区安全治理，使社区交往得以实现，从而能够建构相互联结的社区关系网络，增强对他人和对社区的依恋，有利于形成和强化社区情感。

（二）就社区层面而言，社区居民参与社区安全治理具有重要意义

首先，有利于培育社区安全自治力量，发掘和整合社区治安资源，提高社区安全治理水平。居民社区安全治理参与是社区治安运行的基础，而社区居民和社区组织是维护社区安全的主体力量。社区居民的社区安全治理参与是社区安全治理力量凝聚的重要组织形式，有利于发掘和整合社区安全资源，壮大社区安全治理力量，以形成社区安全防范的群策群力与自组织治理，提高社区安全治理的整体水平。

其次，有利于维护社区治安秩序，保障社区安全和居民安居乐业。秩序性是社区治安的最主要价值，良好的社区治安秩序的实现要以每一位居民成员的自我控制、合作与主动参与作为行动基础，居民成员的主动参与精神和参与行为过程为良性社区安全秩序的形成提供了重要支持，居民的参与使社区安全的死角无所遁形，能够有效识别陌生闯入者，共建陌生人的监视网络和熟人社区的关系网络。换言之，居民的社区安全治理参与有利于消减犯罪机会，维护社区治安秩序，使居民安居乐业。

最后，有利于社区建设与社区发展。中国特色社区建设的内涵范围

很广，包括社区组织、社区文明、社区自治、社区服务、社区环境、社区治安、社区文化、社区卫生等方面。① 社区建设的过程离不开社区居民的广泛参与，社区居民的社区安全治理参与作为社区参与的重要方面，能够促进安全社区建设，从而形成更加安全、和谐、稳定的社区治安环境，为社区建设的推进创造良好的内部环境。居民的社区参与是社区发展的内在动力源泉，离开了居民的社区参与，就没有真正的或完整意义上的社区发展。② 居民参与社区安全治理事务能够为社区问题的解决提供途径，有利于提高社区居民的安全感，促进安全文明社区建设。也就是说，社区居民只有广泛参与社区事务，才能不断强化社区功能，从而为社区的变革与发展提供动力，促进社区实现善治。

（三）就整个社会层面而言，社区居民的社区安全治理参与对社会的总体变迁具有重要的意义

首先，有利于推进基层民主政治建设。社区参与是城市基层民主的实现形式，是城市基层民主建设的重要内容，社区居民参与是社会主义民主最广泛的实践形式之一。在社区安全治理工作中，社区居民通过参与社区安全治理事务，有利于实现社区安全的自组织治理，从而能够实现人民当家作主的民主权利。特别是随着社会的发展，社区居民的参与程度会更高，基层民主的发育会更完善，基层民主政治建设也会得到明显的提升。

其次，有利于社会的安全稳定。社区作为社会整体的一个子系统，其发展状态对于后者的良性运行与协调发展具有很大影响。③ 社区的安

① 郑杭生．中国特色社区建设与社会建设——一种社会学的分析 [J]．中南民族大学学报（人文社会科学版），2008，28（6）：93-100.
② 徐永祥．社区发展论 [M]．上海：华东理工大学出版社，2001：237.
③ 郑杭生．社会学概论新修 [M]．北京：中国人民大学出版社，2003：275-276.

全稳定是社会稳定的根本，实现社区安定，才能实现社会稳定。而社区稳定的基础有赖于社区居民参与所形成的社区共同价值、社区凝聚力与社区归属感等起到安全阀作用的情感性资源。因此，社区居民的社区安全治理参与对于社会的安全稳定以及平安中国建设具有重要的意义。

（四）从警务建设与发展的角度来说，社区居民的社区安全治理参与同样具有重要的意义

首先，社区居民的社区安全治理参与有利于密切警民关系和社区警务战略的实施。社区居民参与社区安全治理，警民共建安全社区，警察与社区居民在维护社区治安的工作中发展合作关系，增进彼此了解和信任，从而构建和谐的警民关系。发动社区居民参与社区治安工作也是社区警务工作的核心要义，社区警察通过发动社区居民参与社区治安工作，与社区居民共同解决社区治安问题，共同维护社区的安全。

其次，社区居民的社区安全治理参与有利于社会治安防控体系的构筑。社会治安防控体系的防控主体主要由三部分力量构成，即以公安机关为中坚，以群防群控力量为依托，以社会广大群众的积极参与为基础，多种防控力量共同存在于同一个体系之中。[1] 广大社区居民是治安防控体系的重要力量，居民参与社区安全维护工作有利于社区安全治理力量的有效整合，也有利于形成多方参与、综合控制的社区治安防控体系。而社区作为社会的基层单元，在整个治安防控体系中处于基础性的地位，只有社区形成整体性的治安防控网络，整个社会才能构筑起有效的治安防控体系。

最后，社区居民的社区安全治理参与有利于群防群治工作和实现社

---

① 熊一新. 论社会治安防控体系建设 [J]. 中国人民公安大学学报，2004（4）：1-9.

会治安综合治理。群众路线是党的工作方针，群防群治是我国公安机关在长期的公安实践工作中的经验结晶。群防群治是指"未经法律赋予管理社会、维护公共安全职能的普通公民所实施的，以民间活动和互利服务为特征的，以实现自卫互助目的为界限的各种社会公共安全维护活动的总称"①。可见，群防群治必须要有坚实的群众基础，并可以弥补警力资源的不足，变警力有限为民力无穷。社会治安问题的复杂性要求对社会治安问题实行综合治理，而群防群治力量是我国社会治安综合治理的重要力量，因此强调群众参与社区安全治理活动，有利于加强群防群治工作，从而实现社会治安综合治理，筑牢国家和社会安全的基础。

---

① 此处"群防群治"的界定来源于中国人民公安大学王太元教授《社区警务比较研究》的讲义。

第二章　概念界定与理论框架

一、概念界定

（一）社区和城市社区

社区（community）这一概念首先是由德国社会学家斐迪南·滕尼斯（Ferdinand Tonnies）在《社区与社会》一书中提出的，他把社区看作一种亲密的、相互依赖的、排他性的共同生活，而"社区生活的现实形式是家庭、乡村以及凭借和睦感情、伦理和宗教而建立起来的城市"①。芝加哥学派的代表人物、美国社会学家罗伯特·帕克（Robert Park）利用人文区位学的方法来界定和研究社区，他认为"社区是社会团体中个人及其社会制度的地理分布，每个社区都是一个社会，但每一个社会并非是一个社区"②。中文"社区"一词是由我国社会学家费

---

① 贾春增. 外国社会学史［M］. 北京：中国人民大学出版社，2003：66.
② 丁元竹. 社区研究的理论与方法［M］. 北京：北京大学出版社，1995：54.

孝通先生意译而来的，在理解社区概念时，他表述为"社区是若干个社会群体或社会组织聚集在某一地域里形成的一个在生活上相互关联的大集体"①。2000 年 11 月，《民政部关于在全国推进城市社区建设的意见》提出，"社区是聚居在一定地域范围内的人们所组成的社会生活共同体。目前的城市社区的范围，一般是指经过社区体制改革后进行了规模调整的居民委员会辖区"。社会学家郑杭生教授把社区定义为"社区是进行一定的社会活动、具有某种互动关系和共同文化维系力的人类群体及其活动区域"②。

目前，对社区的定义有上百种，有的从地理区域来划定社区，有的从文化的角度来定义社区，有的从社区功能的角度来界定社区，有的从社区价值观、社区归属来界定社区。因研究角度与方法的不同，对社区的界定亦不同，以上只是几种有代表性的国内外学者的观点。

社区的定位影响社区类型划分，涉及居民参与社区事务的空间选择，还与多元参与主体的确定有关，因而社区应具有一定区域范围、共同利益，并且必须包含各方参与主体。所以，在综合多种社区概念的基础上，结合研究的需要，本研究采用下述一种对社区的界定：所谓社区，是指由一定数量居民组成的、具有内在互动关系与文化维系力的地域性的生活共同体；地域、人口、组织结构和文化是社区构成的基本要素。③ 在此基础上，把城市社区定义为在特定的区域内，由从事各种非农业劳动的密集人口所组成的社会。

关于社区的类型，由于社区形式的多样性，还没有统一的分类标准，因此存在着多种划分方法。按社区功能，可分为经济社区、政治社

---

① 娄成武. 社区管理［M］. 北京：高等教育出版社，2004：2.
② 郑杭生. 社会学概论新修［M］. 北京：中国人民大学出版社，2003：274-277.
③ 徐永祥. 社区发展论［M］. 上海：华东理工大学出版社，2001：35.

区、文化社区、军事社区等；按照社区的空间特征，可划分为法定社区、自然社区和专能社区；按照社区内部组织形式可划分为整体社区和局部社区；按社区规模，可划分为大社区和小社区；按多元标准，可分为农村社区、城镇社区和城市社区等。本研究考虑到现实中社区形态、性质以及治安状况的差异，根据研究的需要，把城市社区的类型划分为传统社区、单位型社区、新型社区以及过渡型社区。本研究根据这一类型划分展开调查。

（二）社区治理和社区安全治理

关于社区治理的概念，不同的学者进行了不同界定。有学者认为，社区治理是"政府、市场、社会组织、驻区单位、居民等主体，通过协商合作方式对社区内部资源及公共事务做出整体安排，以满足社区运行需要，实现居民利益最大化"①。也有学者认为，社区治理是指"在一定区域范围内政府与社区组织、社区公民共同管理社区公共事务的活动"②。还有学者认为，社区治理是"国家和社会组织对社区事务的管理活动，而社区事务主要包括政策性事务、服务性事务、自治性事务"③。"社区治理"不同于"在社区的治理"，它不是"在完成政府职能之后的自我治理"，不是"政府职能进社区的政策落实力的竞争"，也不是"由居委会或者民间组织来承接政府在社区的政务"。④ 社区治理是"一种集体选择过程，是政府、社区组织、社区成员单位、非营

① 白维军，王邹恒瑞．寻求社区治理的包容性空间［J］．中国高校社会科学，2021（4）：73-80．

② 魏娜．我国城市社区治理模式：发展演变与制度创新［J］．中国人民大学学报，2003（1）：135-140．

③ 王巍．国家、社会互动结构中的社区治理——一个描述性案例研究［J］．武汉大学学报（哲学社会科学版），2008（2）：256-262．

④ 李慧凤．社区治理与社会管理体制创新——基于宁波市社区案例研究［J］．公共管理学报，2010，7（1）：67-72．

利组织、社区居民等之间的合作互动过程。它是一个由在社区范围内的不同的公私行为主体（包括个人、组织、公私机构、权力机关、非权力机构、社会、市场等），依据正式的强制性的法规，以及非正式的、人们愿意遵从的规范约定，通过协商谈判、资源交换、协调互动，共同对涉及社区居民利益的公共事务进行有效管理，从而增强社区凝聚力、提高社区自治能力、增进社区成员福利、推进社区经济和社会进步的过程"[1]。基于以上定义，本研究将社区治理定义为社区治理主体通过协商合作方式对社区公共事务进行治理的过程。具体而言，各方治理主体共同协商对社区内部资源及公共事务做出安排，以实现社区的有效治理。

此外，还有学者分析了社区治理的结构，冯玲和李志远认为"社区治理结构是不同组织依靠资源进行互动的以地域为基础的相互作用模式"[2]。社区治理的基本要素包括治理主体（平等参与者）、治理客体（社区公共事务）、治理规则（社区成员认同的社区规范）、治理过程（社区治理是实体活动，表现为成员之间的合作互动行为）。[3] 社区治理的主体主要包括基层政府、社区居民以及其他公共部门、社会组织、市场企业等；社区治理的方式不仅包括对社区内部公共事务的简单管理和对突发事件的应急处理，还包括常态化的社区服务等能够提升居民幸福感和获得感的各种措施；社区治理的目标是优化社区秩序，为社区成员

---

① 吴光芸，杨龙. 社会资本视角下的社区治理 ［J］. 城市发展研究，2006（4）：25-29.

② 冯玲，李志远. 中国城市社区治理结构变迁的过程分析——基于资源配置视角 ［J］. 人文杂志，2003（1）：133-138.

③ 陈伟东，李雪萍. 社区治理主体：利益相关者 ［J］. 当代世界与社会主义，2004（2）：71-73.

提供更高质量的生活环境。①

近年来，党和国家高度重视基层社会的治理和建设，将社区治理看作国家治理体系的重要组成部分。社区治理的概念在党的十八大报告中被正式提出，"标志着我国基层社会治理开始从管理向治理转变、由行政管控向服务提供转变"②。党的十九届四中全会提出，要健全社区管理和服务机制，推行网格化管理和服务，发挥群团组织、社会组织作用，发挥行业协会商会自律功能，实现政府治理和社会调节、居民自治良性互动，夯实基层社会治理基础。2021 年 7 月，国务院印发《关于加强基层治理体系和治理能力现代化建设的意见》，提出要建立起党组织统一领导、政府依法履责、各类组织积极协同、群众广泛参与，自治、法治、德治相结合的基层治理体系。由此而言，自党的十八大以来，党和国家高度重视基层社会的建设，致力于实现基层治理的现代化。

学术界对社区安全治理这一概念还没有专门的界定。社区安全治理与社区自治这一概念密切相关，社区自治是指"不需要外部力量的强制性干预，社区各种利益相关者习惯于通过民主协商来合作处理社区公共事务，并使社区进入自我教育、自我管理、自我服务、自我约束秩序的过程"③。根据这一定义，社区自治是自治主体和客体按照一定的方式进行的互动，强调社区居民和社区组织等主体对社区公共事务的自我治理。

---

① 白维军，王邹恒瑞．寻求社区治理的包容性空间［J］．中国高校社会科学，2021
  （4）：73-80.
② 陈友华，夏梦凡．社区治理现代化：概念、问题与路径选择［J］．学习与探索，
  2020（6）：36-44.
③ 陈伟东．社区自治［M］．北京：中国社会科学出版社，2004：140.

在实践层面，一直以来，我们国家在探索社区安全治理模式和格局的历程中，逐渐形成了党委领导、职能部门指导、基层街道社区统筹、社会单位和居民群众积极参与的安全治理格局。这一治理格局对于化解社区安全风险、维护社区的稳定具有重要的作用，并延续至今。① 社区安全治理是社区治理的重要内容，但是，由于社区安全治理与社区居民基本的生命财产安全有关，其又与一般意义上的社区治理不同，处于社区治理体系的核心和基础地位。同时，社区安全治理不能只注重社区安全治理本身或社区具体事务的改进，还应当考虑社区是城市复杂开放系统的组成部分。② 基于现实社区安全治理的实践样态，社区安全治理的参与力量呈现多元化的趋向，呈现社区主体多元共治的整体格局。因此，理解社区安全治理的内涵，既不能把政府管理与社区自主治理简单割裂开来，也不能只把社区安全治理看作居民的完全地方自治。③

社区安全作为一种社区公共事务，是社区治理的重要内容，需要社区各主体合作供给，社区安全治理是社区治理在社区安全领域的体现。因此，社区安全治理这一概念的提出也就具有了理论逻辑上的合理性与可行性。基于以上考量，本研究把社区安全治理界定为：在一定的地域范围内，依据国家有关法律或社区制度，与社区公共安全有关的各利益主体通过民主协商的形式形成共同的目标或行动，实现社区安全公共事务合作治理的过程和行为。根据这一定义，社区安全治理的对象是社区安全公共事务和服务，社区安全治理的主体是各安全利益相关方，包括

---

① 袁振龙. 社区安全治理格局与应急管理思路探索［J］. 华南理工大学学报（社会科学版），2016，18（6）：52-60.
② 金茜，李志强. 城市开放社区安全治理的理论体系与现实路径［J］. 北京工业大学学报（社会科学版），2021，21（4）：83-90.
③ 周延东. 嵌入联结领域：后单位社区安全治理的新框架［J］. 公安学研究，2018，1（2）：25-46.

各级党委和政府部门、街道办事处、社区居委会、社区警察、社区社会组织、社区物业管理公司（保安人员）、社区志愿者以及社区居民等。

（三）社区参与和社区安全治理参与

社区安全治理参与是本研究的核心概念之一。它与社区参与、社区自治参与在内涵上既有相似之处又存在着不同。"社区居民对公共事务的参与构成了社区治理的重要方面，社区参与是'共同体'意识的表现，也是推动社区自治的关键所在。"① 因此，居民参与社区事务，是影响社区自治和建设的关键因素，而社区目标的实现离不开居民的社区参与。在社区建设的背景下，社区参与泛指"社区参与的主体参与社区公共事务和社区公共活动，影响社区权力运作，分享社区建设成果的行为和过程"②。社区参与的对象是社区范围内的公共事务，社区参与的主体主要涉及各级党委和政府、社区组织以及居民个体等不同层面的主体。

社区安全是社区最重要的公共领域，社区安全治理参与也构成社区参与的重要维度。总体上，参与主体对社区安全事务和工作的参与行为即社区安全治理参与。具体来看，所谓社区安全治理参与，是指与社区安全相关的利益主体根据社区制度规范，通过一定的途径和方式民主参与、合作处理社区安全公共事务以自我维护个体和集体安全的过程和行为。它是各利益主体按照制度化、合法化的参与方法和策略而进行的互动行为，是实现社区安全治理的动力所在。在社区自治语境下，社区安

---

① 肖林."'社区'研究"与"社区研究"——近年来我国城市社区研究述评 [J]．社会学研究，2011，26（4）：185-208.
② 张菊枝．社区功能视角下的社区参与 [J]．郑州航空工业管理学院学报（社会科学版），2010，29（5）：125-130.

全治理参与涉及参与主体在社区事务自我治理中的参与行为，而参与动机往往基于社区归属感和价值认同。社区居民的违法行为在某种意义上是一种破坏性的、不合法的社区安全治理参与行为，不包括在本研究界定的范围内。

社区安全治理参与涉及谁参与、参与什么和怎么参与的问题，即参与的主体、客体与方式途径。社区安全治理参与的主体由党委和政府、社区居民、社区基层警察和社区组织等各方利益成员构成，其参与的客体主要是与社区治安或安全相关的社区公共事务，参与的方式因划分标准的不同而不同。按照参与的组织程度划分，可分为组织参与和非组织参与；按照参与的制度化程度，可分为制度化参与和非制度化参与；根据参与主体的主动程度，可分为动员性参与和自主性参与。

二、理论基础

（一）社会资本理论

社会资本理论是 20 世纪末期兴起的一种新的理论范式，在社会学语境下，用以解释社会交往行动、社会关系网络的构建以及因社会资本的不均衡所产生的各种社会事实。

法国社会学家皮埃尔·布迪厄（Pierre Bourdieu）最早提出了社会资本的概念，他把社会资本看作与经济资本和文化资本并列的一种资本类型。布迪厄在《社会资本随笔》一文中把社会资本界定为"实际或潜在资源的集合，这些资源与由相互默认或承认的关系所组成的持久网络有关，而且这些关系或多或少是制度化的"。根据布迪厄的定义，社会资本在人们的交往中形成和凝结，是制度化交往关系资源的体现。布迪厄提出了"场域"的概念，认为"在这个空间里，场域的效果得以发挥，并且由于这种效果的存在，对任何与这个空间有所关联的对象，都不能仅凭其研究对象的内在性质予以解释"①。在布迪厄所言的场域中，所有的实践都发生在这个场域空间中，而实践的结果或效果意味着一种资源，这种资源被布迪厄称为资本。布迪厄还将这种资本划分为社会资本、文化资本和经济资本三种类型。

美国社会学家詹姆斯·科尔曼（James Coleman）认为社会资本包括社会团体、社会网络和网络摄取三方面。在复杂的行动系统中，人们建立了各种社会关系，并形成了各种人际关系网络，这种关系网络为个人提供了新的资源——社会资本。他认为，"社会资本具有以下两个特征：一是社会资本存在于人际关系的结构中，由结构的各个要素所组成，它不依附于独立的个人；二是社会资本只为结构内部的个人行动提供便利，它具有不可转让性"②。信任关系是社会资本的主要形式。美籍华裔社会学家林南的社会网络与社会资本理论认为，个体社会网络的异质性、网络成员的社会地位、个体与网络成员的关系力量决定着个体所拥有的社会资本的数量和质量。③

罗伯特·普特南（Robert Putnam）在《使民主政治运转起来》一书中用"社会资本"概念来指称社会组织所具有的某种特征，如信任、规范和网络，它们会通过产生合作行动增进社会的公共利益。正因为普特南的观点，后来的学者普遍把信任、规范和社会网络看作社会资本的

① 皮埃尔·布迪厄，华康德. 实践与反思：反思社会学导引 [M]. 李猛，李康，译. 北京：中央编译出版社，1998：11，138.
② 杨善华，谢立中. 西方社会学理论 [M]. 北京：北京大学出版社，2006：12.
③ 卞冬梅. 金融危机背景下返乡农民工的再就业行为研究 [D]. 长沙：中南大学，2009.

三种形式，并进行操作化测量。弗朗西斯·福山（Francis Fukuyama）进一步强调现代社会建立牢固的信任关系的重要性和普遍意义，"在社会中，普遍信任产生的社会资本，不仅存在于社会群体中最小、最基本的家庭，甚至体现在国家这种最火的群体中，与通过宗教、传统、风俗等创造和转化的人类财富不同"①。尽管社会资本意味着个体在交往中有可利用的资源，但社会资本理论对于群体行为的产生与内在动力具有更强的解释力，群体的信任与归属感、群体或组织规范都影响群体的集体行动水平。在社区层面，社会资本理论对社区参与具有重要的指导意义，只有社区居民通过社区交往建立丰富的交往网络，才会为社区的共同利益而付出参与行动，而建构社区信任是其中的关键纽带。正如有学者所认为的，社会资本理论核心是要重建"熟人社会"，强调加强居民的交往和信任，促进社区自组织发展。② 因此，社会资本理论对社区参与的启示意义在于：只有社区居民之间建立彼此信任关系，才更有可能开展邻里互动和交往，从而形成丰富的社区网络和社会资本，并采取社区参与行动，而社区的共同行动则构成了社区安全治理的前提和基础。

（二）治安权理论

学术界对治安权的界定或性质确认存在多种观点。传统观点认为，治安权一直被认为是"本质上属于政府"的警察权力，本应处于公法的核心地带，私人是不可能染指的。③ 随着理论的研究和实践的发展，

---

① 弗朗西斯·福山. 信任：社会道德与繁荣的创造［M］. 李婉容，译. 呼和浩特：远方出版社，1998：34.
② 耿亚东. 我国"社区治理公众参与"研究述评——基于结构主义、制度主义、社会资本与文化主义视角［J］. 公共管理与政策评论，2017，6（3）：89-96.
③ 金自宁. 解读"治安承包"现象——探讨公法与私法融合的一种可能性［J］. 法商研究，2007（5）：127-133.

有学者认为治安权出现了私法转向，治安权不仅体现在公法领域，也出现了私法领域的治安行为，甚至产生了公私合作关系。

对治安权的研究离不开对"治安"这一基本概念的理解，正是对这一概念的不同理解产生了不同的治安权观点。如果依据治安的政治含义，则治安权是警察机关及其警察人员维护政治统治和社会秩序稳定所具有的行政权力，这一界定把治安权限制在了公法领域，或称为狭义上的治安权。而如果把治安理解为秩序和控制的内涵，则治安权是个体或者组织为消除自身或他人不平衡的安全状态而实施的各种控制行为的总和。从公权与私权的角度来讲，广义治安权既是警察机关及其警察人员的公权力，又是公民个体和社会组织为维护自身或他人安全所具有的私权利。

随着社会领域的发育成长，存在于私法领域的私人警务不断产生和壮大，民间反扒组织和治安承包制的兴起就是最鲜明的代表。因此，公法和私法之间的组织形态也出现在法律领域，公私合作关系给传统的公法领域，尤其是行政法领域带来了相当程度的影响，① 其表现为私人警务不断向公共领域的渗透。新时代社会治理创新对治安行政权社会化提出了要求，那种刻板地将警察治安权限制在公法领域的做法显然已经不合时宜。治安行政权社会化需要"更好地以人为本保障人权、提高服务效率、提升服务质量、依法行政尽职尽责、更好地执行行政权力清单制度、与警务发展水平相协调"，以此来适应社会安全形势发展的需要

---

① 张洪波. 警察权的私法转向 [J]. 中国人民公安大学学报（社会科学版），2008（5）：14-20.

和不断满足居民的安全需求。①

　　基于以上分析，广义治安权由国家治安权和民间治安权两个部分构成，即以公安机关及其人民警察为代表的国家公权力机关和公民个人、民间社会组织等都拥有这种广义上的治安权。这意味着民间治安主体参与社会治安工作拥有了合法性基础，与以警察机关及其警务人员为代表的国家治安权共同维护社会治安秩序也就更为可行。同时，国家治安权和民间治安权是相互联系和制约的，警察的授权与态度会影响公民个人和社会组织民间治安权的行使，而民间治安权会监督警察的治安工作。综合来看，"治安权力是治安主体通过其占有的社会资源，运用各种手段，对危害治安秩序和公共安全的行为进行预防、控制、处置，以维护和重塑治安秩序的一种能力"，同时，"根据治安主体的不同，治安权力可以划分为国家治安权力和社会治安权力，两者在不同社会形态中有着各自的范围和边界"。②

　　治安权力的社会化为居民的社区安全治理参与提供了理论依据，为社区居民的社区安全治理参与提供了合理性。换言之，参与社区安全的治理和维护工作不再仅仅是行政部门的权责领域，社区居民也有权利或职责参与到社区安全公共事务中，为社区安全治理付出自己的参与行动。社区居民积极参与社区安全治理，也能够提升社区安全治理的集体效能。

---

① 崔向前. 论新时代治安行政权社会化之边界 [J]. 云南行政学院学报，2018，20 (5)：85-89.

② 刘金龙，李小波. 简论治安权力 [J]. 中国人民公安大学学报（社会科学版），2014，30 (5)：97-102.

（三）治理理论

20世纪90年代以来，治理的概念与理论进入研究视野。随着西方公民社会的兴起，学者们开始思考重构国家与社会的关系，对政府自上而下的管理模式进行反思，这一理论改变了政府在社会管理中的权威地位，引导人们理性科学地看待政府、市场和社会三者之间的关系。

关于"治理"的概念和理论有多种观点表述。罗德·罗茨（Rod Rhodes）认为"治理意味着统治的含义有了变化，意味着一种新的统治过程，意味着有序统治的条件已经不同于以前，或是以新的方法来统治社会"①。全球治理委员会在1995年发表了《我们的全球伙伴关系》的调查报告，认为"治理是各种公共的或私人的个人和机构管理其共同事务的诸多方式的总和。它是使相互冲突的或不同的利益得以调和并且采取联合行动的持续的过程"。学者格里·斯托克（Gerry Stoker）认为，治理具有五个基本特征，包括"治理意味着一系列来自政府但又不限于政府的社会公共机构和行为者，它对传统的国家和政府权威提出挑战，政府并不是国家唯一的权力中心；治理意味着在为社会和经济问题寻求解决方案的过程中存在着界限和责任方面的模糊性；治理明确肯定了在涉及集体行为的各个社会公共机构之间存在着权力依赖；治理意味着参与者最终将形成一个自主的网络，它与政府在特定的领域中进行合作，分担政府的行政管理责任；治理意味着办好事情的能力并不仅限于政府的权力、权威，不限于政府的发号施令或运用权威"②。

多中心理论是治理理论发展到新阶段的理论形态。多中心治理

---

① 俞可平. 治理与善治 [M]. 北京：社会科学文献出版社，2002：2.
② 格里·斯托克. 作为理论的治理：五个论点 [J]. 国际社会科学（中文版），1999（2）：19-29.

（polycentric governance）表征着社会治理现代性的一种基本趋向，它是伴随服务型社会治理而生成的社会治理结构类型，也是社会治理的一种"理想类型"，它通过建构政府、社会和公民的综合治理主体，形成社群提供公共服务的行动体系，即通过多种权力中心和组织机制治理公共事务，提供公共服务。① 因此，多中心治理理论为社会良性治理提供了这样的图式，即社会多元主体基于一定的制度化规范，共同参与社会公共事务，提供社会公共服务，发展社会机会，共享社会资源，实现对公共事务的共同决策治理，以形成多样性的治理模式和组织形式。多中心治理要求治理权力的回归和重构，要求社会治理主体的多元性与平等性，以实现社会治理格局从"单中心—服从"模式向"多中心—合作"模式的转变。

参与式治理理论也是治理理论丛林中的重要分支。该理论分支强调公民参与在公共政策制定和社会公共事务处理中的重要性，指出公民在社会治理和公共决策中具有积极的作用。公民参与的认识基础是公众相信自己的参与能够产生全社会认可和支持的公共政策。② 参与式治理注重自上而下的组织和自下而上的回应，通过政府和社会的良性互动促进社会治理。③ 一方面，政府会鼓励公众参与社会公共事务，为公众参与提供制度空间和政策渠道；另一方面，公众在政府的鼓励下，培育公众参与的主动性和积极性，从而形成社会参与的行为习惯。总的来看，参

① 袁方. 多中心治理下城市边缘社区治安管理模式探析——基于北京市 B 村的调查 [J]. 中州学刊，2011（3）：130-134.
② 顾丽梅. 解读西方的公民参与理论——兼论我国城市政府治理中公民参与新范式的建构 [J]. 南京社会科学，2006（3）：41-48.
③ 陈剩勇，徐珣. 参与式治理：社会管理创新的一种可行性路径——基于杭州社区管理与服务创新经验的研究 [J]. 浙江社会科学，2013（2）：62-72.

与式治理具有以下五个典型特征：一是参与式治理倡导自上而下的组织赋权，拓展组织和个人的参与权利；二是更加突出治理参与重要性，提倡公众的主动参与和平等互动；三是强调多元主体的共同在场，注重各利益相关主体的多元参与和合作；四是强调多元参与主体的责任承担，多元参与主体在享有参与权利的同时，要承担对等的责任；五是注重培育公众的参与能力，强调居民自组织能力的提升。①

近年来，学术界把治理理论引入社区治理研究中，多中心治理理论启示我们：实现社区的多元主体共同治理是重建社区和实现社区自治的可能途径，从而摆脱基层政治权力主导社区建设的路径依赖。因此，在社区治理权力结构中，社区居民、社区居委会以及社区组织等权力中心是合作制约的关系，社区权力的失衡或任何一方的权力让渡甚至不作为，都会影响其他社区治理主体的行为。在社区安全治理中亦是如此，需要多元主体共同参与社区公共安全事务，来实现社区安全的有效治理。此外，参与式治理理论为社区安全治理提供了可借鉴的视角，可以将参与式治理理论应用到社区安全领域中。具体而言，实现社区安全的有效治理不仅是政府部门的责任，更需要居委会、社会组织和居民志愿者的合作参与。也就是说，在社区安全治理过程中，仅仅依靠居民的自组织参与无法达成社区安全治理的成效，单纯依赖政府部门的行政力量也无法实现高效的社区安全治理。只有政府部门、社区组织以及社区居民等多元主体之间实现合作协商，才能实现社区安全场域的合作治理。

---

① 武强．城市居民参与社区治理问题研究［D］．济南：山东大学，2020.

三、分析框架

本研究基于实证调查数据，分析城市社区居民的社区安全治理参与现状及其影响因素。通常而言，社区参与包括参与意愿和实际参与行动，两者共同构成了社区参与的不同维度。参与意愿是参与行动的前提，只有具备了参与的主观意愿，才有可能转化为实际的参与行动；参与行动是参与意愿的结果，只有完成实际的参与行动，主观参与动机才能实现。因此，本研究同时将参与意愿与参与行动这两个维度纳入分析中，分析社区居民的社区安全治理参与意愿和参与行为。在社会资本理论、治理理论的视域下，居民的社区安全治理参与亦可能强化他们对社区、警察的信任和自身的安全感知，从而能够增强居民的信任资本，有利于形成维护社区安全的治理共同体。本研究分析框架如图 2-1 所示。

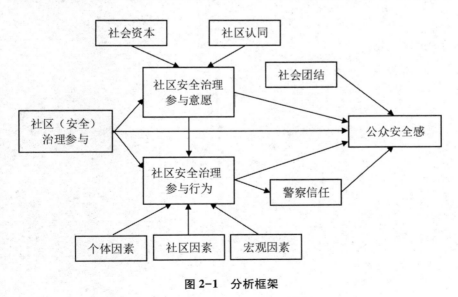

图 2-1 分析框架

　　基于以上分析框架，本研究的章节安排如下：第一章为绪论，主要包括研究背景、研究的目的与意义、文献综述以及研究内容；第二章为概念界定与理论基础，主要介绍本研究所涉及的相关概念、理论基础以及分析框架；第三章是研究设计，主要介绍本研究的研究方法以及调查和样本概况；第四章主要分析社区居民的社区安全治理参与意愿及其影响因素；第五章主要介绍城市社区居民社区安全治理参与行为现状；第六章主要分析社区居民的社区安全治理参与行为的影响因素；第七章主要考察社区参与、个体特征与警察信任之间的关系；第八章主要从结果出发，分析社区参与、社区团结、警察信任对公众安全感的影响；第九章为政策建议部分，提出促进居民社区安全治理参与的对策和建议。

第三章　研究设计

一、调查地点和样本选择

本研究在 2011 年开展问卷调查的地点选择在北京市的四个社区。由于社区的类型不同会对本研究的结果和意义造成影响，所以，本研究把社区类型划分为单位制社区、传统型社区、新型社区以及过渡型社区。基于以上社区分类，本研究根据这四种社区类型在北京市各选择一个作为代表性的社区进行调查。

Q 社区为单位制社区，地理位置靠近市中心，社区面积 0.101 平方千米，人口总数为 6207 人，有 2139 户，流动人口为 1300 人左右。① 社区设有社区居委会和社区服务站等，居委会下设六大委员会，社区有六大协会。小区配有 24 小时监控摄像头，多用电子宣传屏和楼门信息系统等。社区治安良好，多年无刑事案件发生，治安案件多为偷盗案件。

Y 社区为传统型社区，位于北京西单附近，为老旧平房区，社区面

---

① 相关数据由对 Q 社区居委会主任的访谈获得。

积 0.3 平方千米，4 个胡同，2 个大街，124 个院落。社区人口 5000 多人，1114 户，其中常住人口 3669 人，流动人口为 1000 多人。① 社区居委会与社区民警协同合作，社区连续 16 年未发生刑事案件。

C 社区为新型社区，0.15 平方千米，总人口数为 9000 人左右，共有 3032 户，流动人口 2000 人左右，社区仅有一个出入口，配有小区物业和视频监控，治安案件以偷盗为主。② 小区有居委会组织的由 50 人组成的治安志愿者队伍。

X 社区为过渡型社区，离市中心相对较远，社区人口组成复杂，外来流动人口较多且与本地居民混合居住，面积 0.21 平方千米，社区人口数为 6000 多人，流动人口占一半左右。③ 社区治安环境复杂，治安案件多发，包括偷盗、纠纷和扰民等，刑事案件以抢劫为主。为了改善治安状况，社区开展了治安承包、治安合作等新形式。

由于 2011 年问卷调查相对久远，可能已经无法反映当前城市社区居民社区安全治理参与的状况。因此，2023 年 7 月，本研究依据"城市社区居民社区安全治理参与状况"调查问卷，在北京市再次进行了问卷调查。但是，本研究仍然将 2011 年调查数据纳入分析，以观察 10 年来我国社区居民安全治理参与状况之变化。由于调查财力、物力、人力和时间的限制，以及调查方法的局限，本研究可能在调查对象的抽样选取以及样本的代表性方面存在一定的误差和不足。

在 2011 年的调查中，本研究还对部分调查对象进行了访谈，故本研究也将结合访谈资料的结论进行分析论证，尤其是在社区居民社区安全治理参与行为影响因素的分析中充分利用了这些访谈资料，这可能在

---

① 数据由与 Y 社区的社区民警交谈获得。
② 数据由 C 社区的社区民警提供。
③ 数据由 X 社区的社区民警提供。

一定程度上提高了调查的完整性和研究的严密性。此外，在 2023 年的调查中，本研究也补充了个别访谈资料，也在后续的分析中进行了呈现。

二、研究方法

（一）资料收集方法

本研究采用实地研究与调查研究相结合的研究方法，定量研究与定性研究相结合。采用文献法、问卷调查与半结构式深度访谈并用的方法收集资料。采用文献研究的方法，主要是对与本研究主题相关的书目和文章进行收集、整理和吸取，通过对以前的研究成果的梳理，获得本研究的研究价值和创新之处。在定量研究方法方面，本研究主要运用一手和二手数据进行研究。首次调查发放调查问卷 300 份，2023 年再次调查发放调查问卷 230 份，以所调查的社区内的居民为问卷发放对象。此外，本研究第七章的数据来自中国社会状况综合调查 2021 年数据。在定性研究方法方面，在问卷调查的同时，采用半结构式深度访谈法对部分社区居民进行访谈，研究人员进入社区，通过观察以及与社区居民、社区警察、社区居委会工作人员和社区组织的领导等被访者进行提问交谈来获取第一手资料。

（二）资料分析方法

本研究对问卷调查收集来的数据主要采用 STATA 15.0 社会统计软件进行分析，包括单变量的描述性分析、双变量的相关分析、交互列联分析以及回归模型分析等，对文献和半结构式深度访谈所获得的资料主要采用定性分析方法，首先进行开放式编码，然后进行理解性分析。

三、样本描述

（一）首次问卷调查样本概况

根据调查所回收的问卷资料，调查选取的样本的描述如下：研究者共发放问卷 300 份，回收 281 份，问卷回收率为 94%，其中有效问卷 260 份，有效回收率为 86.7%。被调查者的基本概况如表 3-1 所示。

表 3-1　首次调查样本基本情况统计表　（N=260）

种类	特征	频数（人）	有效百分比（%）
性别	男	126	48.46
	女	134	51.54
年龄段	20 岁及以下	2	0.77
	21—40 岁	118	45.38
	41—60 岁	98	37.69
	60 岁以上	42	16.15
婚姻状况	未婚	44	16.92
	已婚	208	80.00
	离异和丧偶	8	3.08
受教育程度	小学及以下	0	0.00
	初中	20	7.69
	高中或中专	88	33.85
	大学专科	76	29.23
	大学本科	74	28.46
	硕士及以上	2	0.77
政治面貌	党员	90	34.62
	非党员	170	65.38

种类	特征	频数（人）	有效百分比（%）
职业状况	工人	16	6.15
	公务员	14	5.38
	事业单位人员	62	23.85
	公司职员	66	25.38
	商业人员	8	3.08
	学生	4	1.54
	自由职业者	10	3.85
	离退休人员	66	25.38
	下岗人员	8	3.08
	其他	6	2.31
月收入状况	3000 元以下	152	58.46
	3001—5000 元	94	3.15
	5001—7000 元	12	4.72
	7001—10000 元	2	0.77
社区居住年限	1 年以下	6	2.31
	1—3 年	44	16.92
	4—5 年	74	28.46
	6—10 年	60	23.08
	11—20 年	34	13.08
	21—30 年	26	10.00
	31—50 年	14	5.38
	50 年以上	2	0.77
户籍	本市	238	91.54
	外省	22	8.46

数据来源：《城市居民社区安全治理参与状况》2011 年调查。

第一，性别组成：在 260 份有效问卷中，男性 126 人，占调查总数的 48.46%；女性 134 人，占调查总数的 51.54%。问卷调查样本的男女人数非常接近，比例相差很小。

第二，年龄构成：由表 3-1 可知，被调查者分布在各年龄段，20 岁及以下的调查对象较少，仅有 2 人，占 0.77%。21—40 岁的居民为 118 人，所占比例为 45.38%，41—60 岁的居民为 98 人，所占比例为 37.69%，60 岁以上的为 42 人，占调查样本总数的 16.15%。由此可见，被调查对象的年龄结构相对合理，除 20 岁及以下的居民外，其他年龄段的居民分布相对合理，对总体具有代表性。

第三，婚姻状况：如表 3-1 所示，被调查对象中已婚人数最多，为 208 人，占到了样本的 80%，而未婚、离异和丧偶人数所占的比例较小。因此，样本更多反映的是已婚人员社区安全治理参与的情况和态度。

第四，受教育程度：被调查对象的文化水平主要分布在高中或中专、大学专科和本科三个层次上，分别占 33.85%、29.23% 和 28.46%。而文化水平底层和塔尖的人数相对较少，这一分布呈橄榄型，相对合理，能够代表总体。

第五，政治面貌：在被调查对象的政治面貌中，非党员人数 170 人，约占总数的 2/3，而党员人数为 90 人，约占总数的 1/3，这说明在社区所有成员中，存在一部分的党员同志。据笔者调查，这些党员同志也是社区安全治理参与的积极分子。

第六，职业状况：就问卷的职业状况来说，离退休人员、公司职员和事业单位人员三者的人数相对较多，分别为 66 人、66 人和 62 人，占问卷调查对象的 25.38%、25.38% 和 23.85%。其中离退休人员最多，这与离退休人员在社区时间较长有关。其次是工人、公务员和自由职业者，分别占总数的 6.15%、5.38% 和 3.85%。而下岗人员、商业人员和学生在调查样本中所占的比例较小。抽样调查的职业状况具有丰富的类别，增加了其对样本的代表性。

第七，月收入状况：问卷调查对象的收入主要集中在 1001—5000 元及以下的区间范围内，这是由于本问卷调查的对象中离退休人员占有相当大的比例，他们或者工资收入不高，或者没有收入，所以总体拉低了调查对象的收入水平。因此，问卷调查主要代表中低收入者的社区安全治理参与状况。

第八，社区居住年限：就社区居住年限而言，在社区居住 4—5 年和 6—10 年的人数较多，分别为 74 人和 60 人。换言之，居住在 4—10 年的人数为 134 人，约占调查总数的一半。而 1—3 年、11—20 年和 21—30 年的人数处于中间层次，分别占到 16.92%、13.08% 和 10%。就这一居住年限分布来看，问卷调查侧重反映有一定居住年限的居民的社区安全治理参与水平。

第九，户籍状况：具有本市户籍的问卷调查对象要明显多于没有本市户籍的调查对象，但需要指出的是有的问卷调查对象虽然具有本市户籍，但这是因为留京工作获得北京户口而转变为北京户籍人士，其仍具有很强的家乡情结，对北京或所在社区并没有很强的归属感。

（二）再次调查样本基本情况

2023 年开展的问卷调查，共发放问卷 230 份，回收 227 份，问卷回收率为 98.7%，其中有效问卷 226 份，有效回收率为 98.3%。被调查对象的基本情况包括性别、年龄、婚姻状况、受教育程度、政治面貌、职业状况、月收入状况、社区居住年限以及户籍等，详细情况见表 3-2。

表3-2　再次调查样本基本情况统计表（N=226）

类别	特征	频数（人）	有效百分比（%）
性别	男	81	35.84
	女	145	64.16
年龄段	20岁及以下	6	2.65
	21—40岁	185	81.86
	41—60岁	29	12.83
	60岁以上	6	2.65
婚姻状况	未婚	53	23.45
	已婚	167	73.89
	离异和丧偶	6	2.65
受教育程度	小学及以下	1	0.44
	初中	6	2.65
	高中或中专	13	5.75
	大学专科	15	6.64
	大学本科	162	71.68
	硕士及以上	29	12.83
政治面貌	党员	85	37.61
	非党员	141	62.39
职业状况	工人	1	0.44
	公务员	15	6.64
	事业单位人员	27	11.95
	公司职员	153	67.70
	商业人员	2	0.88
	学生	10	4.42
	自由职业者	5	2.21
	离退休人员	12	5.31
	其他	1	0.44

类别	特征	频数（人）	有效百分比（%）
月收入状况	3000 元以下	12	5.30
	3001—5000 元	19	8.41
	5001—7000 元	36	15.93
	7001—10000 元	57	25.22
	10001—15000 元	56	24.78
	15001—20000 元	16	7.08
	20000 元以上	30	13.27
社区居住年限	1 年以下	4	1.77
	1—3 年	26	11.50
	4—5 年	43	19.03
	6—10 年	75	33.19
	11—20 年	41	18.14
	21—30 年	23	10.18
	31—50 年	14	6.19
户籍	本市	162	71.68
	外省	64	28.32

数据来源：《城市居民社区安全治理参与状况》2023 年调查。

在 2023 年调查中，从性别结构来看，男性占 35.84%，而女性占 64.16%，女性要明显高于男性，样本的性别构成存在一定的偏差。从年龄结构来看，以 21—40 岁的受访者为主，占到 81.86%，20 岁及以下的年轻人和 60 岁以上的老年人则占比较小。从婚姻状况来看，以已婚的受访者为主，占比达到 73.89%。在受访者的受教育程度上，以具有大学本科学历的受访者为主，占比达到 71.68%。就政治面貌而言，非党员占比为 62.39%，占到样本的一半以上。从职业状况来看，受访者的职业分布为工人、公务员、事业单位人员、公司职员、商业人员、学生、自由职业者、离退休人员和其他，其中公司职员最多，达到67.7%。调查样本中，受访者的月收入主要集中在7001—10000元和10001—15000元这两个区间内，合计占到样本的50%，而月收入为5001—7000元和20000元以上的受访者也占到了一定的比例。从社区居住年限看，以居住6—10年的受访者为主，占到33.19%；其次为居住4—5年和11—20年的受访者，分别占到19.03%和18.14%。此外，具有本市户籍的受访者有162人，外省户籍者64人，调查样本以本市户籍居民为主。

第四章　城市社区居民安全治理参与意愿及影响因素

改革开放以来，随着转型期我国社会结构的深刻变迁，我国城市社区居民的居住空间形态发生了巨大的变化，经历了从单位制到街居制再到社区制的转变。① 当前，伴随着资本造城的浪潮，各种现代新建商品房小区快速涌现，成为社区空间塑造的标准空间和主流形态。从空间营造的视角来看，商品房社区的建设是对社区空间格局和形态的再造，通过空间的切割营造出一个个狭小的孤立空间。这个狭小空间就成为人们日常生活的空间载体，并进一步构成了社区的公共空间，但整体社区公共空间受到明显的缩减和挤压，社区居民的公共活动空间场所不断减少。商品房社区的空间切割，不仅重塑了社区居住的空间安排，还改变了人与人之间的交往关系。人们所处的不再是熟悉的邻里关系，而是交往相对稀疏的陌生人，人与人之间的交往关系呈现"原子化"的形态。社区居住空间的"原子化"隔绝，限制了社区居民的邻里交往，造成

---

① 何海兵. 我国城市基层社会管理体制的变迁：从单位制、街居制到社区制 [J]. 管理世界，2003（6）：52-62.

了社区居民邻里互动的困境，使得社区居民参与社区公共事务的能力和意愿不足，无法承担起社区公共事务治理的责任。因此，与孤立的居住空间形态相伴随的现代商品房居住空间的营造，在一定程度上加剧了社区公共性的衰落，造成邻里关系疏远、互动缺乏，进一步导致社区自组织能力的不足。因此，由社区空间格局转型所引发的社区关系个体化，进一步导致了社区公共性的缺乏，人们对社区公共事务的关注度在下降，对参与社区公共事务的热情与意愿也在不断降低，社区利益的整合难度不断提升，为社区治理带来了极大的困境，斐迪南·滕尼斯笔下的共同体建设任重道远。

社区参与是社区治理的关键环节，社区安全治理参与意愿又是社区安全治理参与的重要方面。在整体社区参与意愿不高的情况下，本章主要考察社区居民参与社区安全治理事务的主观意愿及其影响机制，并希冀通过吸引社区居民参与社区安全治理事务，激发社区居民参与社区公共事务的动力，唤起居民参与社区公共事务的广泛热情，增强社区自组织的内生动力。

一、高抑或低：从社区参与意愿到社区安全治理参与意愿

关于社区参与意愿的高低或强弱，学术界没有达成统一的定论。在理论分析方面，徐林、杨帆从微观层面的居民"参与能力"和"参与意愿"出发，将社区参与分为四种类型："积极主导型""消极应对型""自我发展型""权益诉求型"。其中，"积极主导型"的参与能力与参与意愿均较高；"消极应对型"的参与能力与参与意愿均较低；"自我发展型"的参与能力低，而参与意愿高；"权益诉求型"的参与能力

高，但参与意愿比较低。① 徐林、徐畅进一步将实践中的居民参与细分为五种类型，即"消极应对型参与""权益诉求型参与""娱乐型参与""主导型参与""俱乐部型参与"。其中"消极应对型参与"与"权益诉求型参与"的参与意愿低，"娱乐型参与"与"主导型参与"的参与意愿高，而"俱乐部型参与"的参与意愿适中。②

在实证调查结果方面，综观现有的研究成果，对于居民的社区参与意愿大致有以下三种结论。第一，一些调查研究表示当前社区居民的参与意愿比较低，具有较弱的主观参与意愿。例如，上海市民政局于1999 年 6 月—7 月开展了"上海市城市居民委员会组织体制研究"的问卷调查，发现社区居民参与社区事务的总体意愿不强，有 8.7%的社区居民选择"不想参加"，有 59.8%的社区居民选择"想参加但没有时间"，有 15.8%的社区居民选择"换一种形式或有人起头就会参加"，而仅有 15.7%的社区居民选择"很想参加"。③ 王小章和冯婷对 H 市的一项问卷调查发现，有 16.85%的受访者表示"非常愿意"参与社区公共性事务，有 28.93%的受访者表示"比较愿意"参与社区公共性事务，有 45.42%的受访者表示"不太愿意"参与社区公共性事务，另有 8.80%的受访者表示"不愿意"参与社区公共性事务，这表明城市居民的社区参与意愿总体比较弱，而居民与社区的利益关联和情感认同是造成社区居民参与意愿较低的制约因素。④ 针对广州青年的一项调查发

① 徐林，杨帆. 社区参与的分层检视——基于主体意愿与能力的二维视角 [J]. 北京行政学院学报，2016 (6)：92-99.

② 徐林，徐畅. 公民性缺失抑或制度供给不足？——对我国社区参与困境的微观解读 [J]. 苏州大学学报（哲学社会科学版），2018，39 (2)：32-40.

③ 马卫红，黄沁蕾，桂勇. 上海市居民社区参与意愿影响因素分析 [J]. 社会，2000 (6)：14-16.

④ 王小章，冯婷. 城市居民的社区参与意愿——对 H 市的一项问卷调查分析 [J]. 浙江社会科学，2004 (4)：99-105.

现，青年的社区参与表现了"低度参与"的特征，"不仅参与范围较窄，而且参与程度较浅"，如"参加过社区公共活动的青年仅占37.2%，而参与社区协商、管理、决策的比例更低"。① 2013 年 7 月—8 月，一项以"城镇化进程中的社区治理体系"为主题的大型问卷调查发现，"很想参加"的青年务工人员占 15.3%，"想参加，但条件不允许"的占 46.1%，"不想参加"的占 18.9%，而"无所谓"的占到19.7%。该调查同时发现，"青年务工人员参与社区活动类型主要集中在社区公益服务、社区文化体育活动、日常事务办理等非政治类活动，社区选举、政府政策宣讲等活动的参与较少"②。2014 年在上海开展的调查发现，"仅有 21.8%的青年在过去一年曾提过关于社区治理的意见或建议，尽管接近 70%的青年表示关心业委会的改选，但真正参与的仅有 21.2%"③。2015 年 10 月—12 月，对成都市典型农业转移人口社区开展的一项随机抽样调查表明，64%的受访者表示"不愿意"参与社区治理，36%的受访者表示"愿意"参与社区治理，总体意愿不高。④2017 年重庆市社会科学院开展的"重庆市新生代农民工社区参与研究"的调查显示，新生代农民工在城市社区的政治参与、文化参与、社会参与比例都不高，34.4%的新生代农民工从来不参与社区组织的文化体育类活动，94.9%的新生代农民工从来不参与志愿者活动，68.8%的新生代农民工从未参加过社区议事等活动，69.9%的新生代农民工从未参加

① 黄琳. 青年的社区参与现状、特点及对策分析——广州市华乐街的调查 [J]. 广东青年干部学院学报，2007（2）：29-33.
② 陈朋. 青年务工人员社区参与意愿及影响因素分析 [J]. 宁夏社会科学，2015（4）：104-109.
③ 邓蕾. 社区治理中青年的认知、行动及影响因素——基于上海的调查 [J]. 中国青年社会科学，2015，34（5）：23-29.
④ 张志宏，张璇. 农业转移人口参与社区治理的意愿及其影响因素——以四川省成都市为例 [J]. 城市发展研究，2016，23（10）：125-128.

过城市所在地人大代表和社区居委会选举。① 2017 年开展的上海都市社区调查（SUNS）数据显示，"在参与小区业主大会投票方面，青年参与的比例仅为 11.96%，远低于中年人的 27.22% 和老年人的43.97%"②。宋文辉还考察了城市社区文化建设中的居民参与意愿，他调查发现城市社区文化建设中的居民参与意愿总体不高，其中 41.5% 的受访者不太同意"城市社区文化活动举办是城市社区文化建设的重要组成部分"；近 50% 的受访者不经常关注"城市社区文化建设进展情况"；超过 50% 的受访者不认为"参加城市社区文化建设可以有效地促进城市社区居民之间的人际交往"；35.2% 的受访者不太愿意"为城市社区文化建设贡献力量"；对"如果条件允许，我会主动参与城市社区文化建设的组织工作"这一表述，31.4% 的受访者表示不太同意，40.1% 的受访者表示同意。③

　　第二，相关实证调查研究发现社区居民的参与意愿较高，参与动机明显。例如，"新生代农民工的社会参与和社会融合问题研究"课题组在广东省东莞市开展的对新生代农民工的调查发现，新生代农民工参与社区事务活动的意愿较为强烈，有 53.1% 的人参与了各种类型的社区事务活动，46.9% 的人没有参与过任何活动。具体来看，有 6.1% 的新生代农民工参与过社区选举等政治活动，有 7.7% 的新生代农民工参与过社区事务管理工作，有 16.9% 的新生代农民工参与过社区公益服务活动，有 13% 的新生代农民工参与过社区文化体育活动，有 9.4% 的新生

① 李佑静. 新生代农民工社区参与及其影响因素研究——基于重庆市农民工的调查[J]. 重庆理工大学学报（社会科学），2018，32（12）：87-96.
② 孙秀林. 中国都市社会脉动：上海调查（2017）[M]. 北京：社会科学文献出版社，2018：5-10.
③ 宋文辉. 城市社区文化建设中居民参与意愿研究[D]. 苏州：苏州大学，2013.

代农民工参与过其他社区活动。① 赵凌云于 2014 年 3 月—5 月在上海市
虹口区 G 街道展开的问卷调查显示，在 1174 份有效调查问卷中，表示
"愿意"参与社区活动的受访者占到 73.8%，"不愿意"参与的受访者
占 26.2%，这些数据结果表明，"居民对社区活动并非持冷漠与疏远的
态度，而是表现较为普遍的参与意向"。② 一项对山东省济南市某社区
居民的问卷调查数据显示，在社区公共事务管理活动方面，表示"愿
意参与"的占 75.3%，表示"不愿意参与"的占 24.7%；在社区志愿
服务活动方面，表示"愿意参与"的占 69.1%，表示"不愿意参与"
的占 2.5%，表示"无所谓"态度的占 28.4%；在社区文体娱乐活动方
面，表示"愿意参与"的占 58%，表示"不愿意参与"的占 3.7%，表
示"无所谓"态度的占 38.3%。上述数据表明社区居民总体参与意愿
较高，但仍有部分居民持无所谓态度。同时，"社区居民的参与意愿呈
现多元化需求，对不同类型的社区活动存在差异化的参与意愿"③。对
上海 B 区某小区"青年社区参与"的行动研究表明，"青年居民虽然有
较强的参与意愿，但在社区中呈现较强的个体化特征"。具体而言，在
参与社区活动方面，选择"非常愿意"的青年占 17%，选择"比较愿
意"的青年占 40.5%，而选择"不愿意"的青年占 42.5%；在认识社
区邻居方面，表示"非常愿意"的青年占 17%，表示"比较愿意"的
青年占 48%，而表示"不愿意"的青年占 35%；在参与社区自组织方
面，选择"非常愿意"的青年占 9%，选择"比较愿意"的青年占

① 刘晋飞. 新生代农民工社区参与意愿的影响因素分析 [J]. 广东行政学院学报，
2013，25（6）：22-27.
② 赵凌云. 社区参与：意识与行动——以上海市 G 街道居民的调查为基础 [J]. 青年
学报，2015（1）：67-72.
③ 付振. 城市社区治理中的居民参与意愿研究——以山东省济南市沃家社区为例 [J].
安徽行政学院学报，2015，6（5）：98-103.

45.5%，而选择"不愿意"的青年占45.5%；在参与社区事务商议方面，表示"非常愿意"的青年占9.5%，表示"比较愿意"的青年占41.5%，表示"不愿意"的青年占49%。①

第三，一些实证研究发现，社区居民的社区参与意愿具有群体异质性，不能一概而论。例如，山东省高校人文社科研究项目"产出性老龄化背景下城市老年人的社区参与研究"2008年开展的调查发现，老年人在不同的社区参与领域呈现差异化格局。其中，在社区公共事务参与意愿方面，选择"不愿意参与"的占到61.86%，选择"愿意参与"的占38.14%；在志愿服务参与意愿方面，表示"不愿意参与"的占到50.08%，表示"愿意参与"的占49.92%；在文体活动参与意愿方面，表示"不愿意参与"的占到47.30%，表示"愿意参与"的占52.70%。② 丁晶晶分析了中间阶层的社区参与意愿，发现"中产阶层中那些年龄较长、文化程度不是很高、住房已属于自有房、在社区居住年限相对较长者的参与意愿较强一些，而那些年轻的、文化程度高的、租房的、居住年限短的居民的参与程度更低"③。2015年，中国家庭金融调查与研究中心专门针对居民参与社区公共事务的意愿进行了调查，结果表明，居民对公共事务的参与意愿因个体的党员身份、城乡身份、教育水平而异。其中，在党员中，有44.8%的表示愿意参与社区公共事务，而在非党员中，只有29.9%的表示愿意参与；本地居民中，约有33.8%的表示愿意参与社区公共事务，而在流动人口中，只有27.8%的

① 吴同，邓洋洋．从个体到主体：青年社区参与的可能与实现路径——以上海B区青年社区参与行动干预为例［J］．青年学报，2020（1）：69-74．
② 李宗华，李伟峰，高功敬．城市老年人社区参与意愿的影响因素分析［J］．山东社会科学，2011（3）：112-117．
③ 丁晶晶．试论现阶段我国中产阶层的社区参与［J］．华东理工大学学报（社会科学版），2010，25（1）：20-27．

表示愿意参与；城镇居民有32.8%的表示愿意参与社区公共事务，农村有31.6%表示愿意参与社区公共事务；在小学及以下的受教育层次居民中，不到30%的人表示愿意参与社区公共事务，而在大专及以上的学历层次中，有48.1%的居民表示愿意参与社区公共事务。①

关于社区居民参与意愿的影响机制，学者们识别了不同的影响因子。例如，马卫红、黄沁蕾和桂勇发现，年龄、收入、受教育水平、社区依赖程度、居民交往程度与参与意愿具有相关关系。具体而言，社区居民年龄增加，参与意愿也会随之增加；收入和文化程度越高，其社区参与意愿反而越弱；社区依赖程度越强，居民交往程度越密切，社区参与意愿越强烈。② 有学者还进一步发现，政治面貌、月收入、与邻居的相熟度、是否有当地朋友、是否购买社保和社区环境满意度对新生代农民工的社区参与意愿具有显著的影响。③ 李黎明、王惠从社会资本和理性选择理论的视角出发，发现网络资源和制度供给对社区参与现状中普遍存在的居民参与意愿不足具有解释力，这是影响居民社区参与的主要因素。④ 对江苏省淮安市274名城市居民的社区参与意愿的抽样调查也发现，性别、年龄、学历、收入水平、婚姻状况、健康水平等变量对城市居民的社区参与意愿具有显著的影响。⑤ 针对老年人社区参与影响因素的分析中，有学者研究发现，年龄、受教育程度是老年人社区参与意

① 边慧敏，陈家建，马双. 社区居民公共事务参与意愿与成因研究——以中国家庭金融调查与研究中心的数据为例 [J]. 中国机构改革与管理，2016 (11)：14-16.
② 马卫红，黄沁蕾，桂勇. 上海市居民社区参与意愿影响因素分析 [J]. 社会，2000 (6)：14-16.
③ 刘晋飞. 新生代农民工社区参与意愿的影响因素分析 [J]. 广东行政学院学报，2013，25 (6)：22-27.
④ 李黎明，王惠. 社会资本、制度供给与居民社区参与 [J]. 西安交通大学学报（社会科学版），2016，36 (6)：47-52.
⑤ 许加明. 基于 Logistic 回归分析的城市居民社区参与意愿影响因素分析 [J]. 统计与管理，2018 (8)：101-106.

愿的预测因素，并且"老年人的社区参与意愿受社区、街道等组织集体活动的开展情况影响较大，表现了对机构、组织的依赖性较强；社区居民之间熟络程度越高，老年人参与文体活动、社区公共事务的意愿越强烈"①。在对开封市六个社区开展的实地调研中也发现，年龄越低，老年人的社区参与意愿越高；受教育程度越高的老年人社区参与的可能性越高；健康自评较好的老年人社区参与意愿的可能性较高，健康自评差的老年人社区参与意愿的可能性较低；自我经济评价较好的老年人社区参与意愿较高；与他人交往频度较高的老年人社区参与意愿高。②

此外，在社区居民的安全治理参与意愿方面，也有学者进行了实证调查分析。例如，卢国显于 2005 年 11 月—2006 年 4 月在北京、石家庄、广州等地开展的调查结果显示，有近 50% 的农民工愿意参与社区治安活动，有超过 50% 的农民工不愿意参与社区治安活动；有 38% 的农民工具有较强的社区治安活动参与意识，约 40% 的农民工缺乏社区治安活动参与意识；同时，约有 10% 的农民工并不了解社区治安工作，而有近 1/3 的农民工没有参与过社区治安活动，仅有少数农民工参与过社区治安活动。③ 孙柏霖在扬州的调查表明，在没有报酬仍愿意参与治安活动的情况下，受访者表示"非常同意"的占 15%，表示"同意"的占 23%，回答"不知道"的占 12%，表示"不同意"的占 25.5%，表示"非常不同意"的占 24.5%。在有一定报酬，愿意参与治安活动的情况下，受访者表示"非常同意"的占 32%，表示"同意"的占 26%，

---

① 李宗华，李伟峰，高功敬. 城市老年人社区参与意愿的影响因素分析［J］. 山东社会科学，2011（3）：112-117.
② 张娜. 欠发达中小城市老年人社区参与影响因素分析——基于开封市的调查［J］. 社会保障研究，2015（2）：23-27.
③ 卢国显. 农民工治安参与的实证研究［J］. 中国人民公安大学学报（社会科学版），2008（5）：131-136.

回答"不知道"的占 10.5%，表示"不同意"的占 19.5%，表示"非常不同意"的占 12%。[1] 还有学者开展实证调查发现，对于"我愿意经常参与到社区治安的维护活动中来"这一说法，11.7%的受访居民表示"不同意"，18.1%的受访居民表示"不太同意"，38.8%的受访居民表示"一般同意"，31.4%的受访居民表示"比较同意"和"同意"。上述调查数据说明，大多数居民参与社区治安活动的主观意愿相对较高。[2]

综上所述，现有研究对社区居民参与意愿的状况并未达成一致的意见，呈现高低有异的结果，并且学者们发现，社区居民对不同社区活动领域的参与呈现相异化的格局，有的社区活动领域参与度高，有的社区活动领域参与度较低。但是，学者们的调查也发现，居民参与社区治安活动的意愿相对较高，这对我们的启示是，我们可以通过引导和强化居民参与社区安全治理活动来调动居民的整体参与意愿和程度，即以居民的社区安全治理参与为突破口，来激发居民对社区公共事务的参与热情。因此，本章通过实证调查数据揭示居民的社区安全治理参与意愿，并进一步探讨影响居民社区安全治理参与意愿的相关因素。

二、假设、变量与分析方法

（一）研究假设

在社区居民的安全治理参与意愿生成过程中，有多种可能的影响因素，这些因素共同塑造了社区居民的安全治理参与意愿。本研究认为，

[1]　孙柏霖. 城市社区居民治安参与实证研究 [D]. 北京：中国人民公安大学，2018.
[2]　李荣誉. 城市社区凝聚力对居民治安参与影响的实证研究 [D]. 北京：中国人民公安大学，2019.

在这些影响因素中，社区层面的主观认同和社会资本是其中关键的影响因素。因为社区居民对社区的认同感知可能会影响其参与意愿以及随后的参与行动。同时，对于社会资本丰富的居民来说，他们往往具备丰富的社区关系网络，能够在社区互动中占有优势，也更能够参与社区治安活动。社会资本的多寡与质量决定着公众公共生活参与的意愿与质量。① 社会资本理论认为，丰富的社会资本能够促进居民的社区参与，社会资本缺乏则有可能导致参与意愿的降低，② 也就是说，个体关心公共事务并形成互惠合作的关系网络是居民有效参与的前提条件与基本特征，活跃的居民参与是获得良好制度绩效的保证。③ 因此，基于上述考量，本研究建立了如下研究假设：

研究假设1：社区认同影响居民的社区安全治理参与意愿。社区认同度越高，居民的社区安全治理参与意愿越高。即较高的社区认同度，能够促进居民的社区安全治理参与意愿，反之亦然。

研究假设2：社区社会资本显著影响居民的社区安全治理参与意愿。居民的社区社会资本越丰富，居民的社区安全治理参与意愿越强烈，反之亦然。换言之，居民的社区安全治理参与意愿取决于居民的社会资本丰富程度。

（二）变量测量

本章数据来源于笔者于2011年和2023年开展的"城市社区居民社区安全治理参与状况"调查。关于数据的调查搜集以及调查样本的基

---

① 黄荣贵，骆天珏，桂勇. 互联网对社会资本的影响：一项基于上网活动的实证研究 [J]. 江海学刊，2013（1）：227-233.

② 涂晓芳，汪双凤. 社会资本视域下的社区居民参与研究 [J]. 政治学研究，2008 （3）：17-21.

③ 颜玉凡，叶南客. 认同与参与——城市居民的社区公共文化生活逻辑研究 [J]. 社会学研究，2019，34（2）：147-170.

本情况见本书第二章的描述。为了分析社区社会资本、社区认同对居民参与意愿的影响，本研究分别确定了用于分析的因变量、自变量和控制变量。

因变量。本章的因变量为居民的社区安全治理参与意愿，用五级李克特量表进行测量。调查问题是"您愿意参与社区组织的维护社区安全的治理活动或工作吗"，对这一问题的回答主要包括很愿意（=5）、比较愿意（=4）、无所谓（=3）、不太愿意（=2）以及不愿意（=1）五个选项，意愿程度由高到低渐次减弱。为了研究的方便，本研究将五个类别进行了合并，合并为愿意参与（=1）与不愿意参与（=0）两个类别，而不愿意参与为参照类别。

自变量与控制变量。人口学特征变量和社会经济特征变量为控制变量，主要涉及受访者的性别、年龄、政治面貌、受教育程度、户籍、职业、收入、社区居住年限等。其中，性别、政治面貌、户籍、职业为分类变量，受教育程度、收入、社区居住年限为定序变量，而年龄为连续型变量。本研究的自变量为社会资本和社区认同。其中，社区社会资本的测量主要包括和邻居（上下楼）的关系程度、和社区其他居民的关系程度、和社区居委会主任的关系程度、和亲戚的来往关系程度，对这些项目的回答主要包括很不密切、不密切、一般、密切、很密切五个选项。社区社会资本的得分根据以上项目计算总分得到。社区认同的测量主要包括以下项目："您是否对目前所居住的社区感到自豪？""您是否愿意长期居住在此社区？""您是否认同您所居住的社区是一个生活的好地方？""假如让您搬离现在居住的社区，你是否会感到不舍？""您是否愿意参与本社区的事务？"社区认同的测量得分根据以上五个项目计算总分得到。社区社会资本和社区认同均为连续性变量。因变量、自变量和控制变量的描述性统计如表 4-1 所示。

表 4-1　变量的描述性统计（N=486）

变量	均值	标准差	最小值	最大值
因变量：				
社区安全治理参与意愿	0.815	0.388	0	1
自变量：				
社区社会资本	13.115	3.137	4	20
社区认同	18.918	3.817	5	25
控制变量：				
性别	1.574	0.494	1	2
年龄	39.574	13.596	15	77
政治面貌	1.640	0.480	1	2
户籍	1.177	0.382	1	2
受教育程度	2.623	0.632	1	3
职业	1.237	0.425	1	2
收入	1.796	0.154	1	5
社区居住年限	2.747	1.074	1	4

注：此表结果合并了 2011 年和 2023 年的调查数据。

数据来源：《城市居民社区安全治理参与状况》2011 年、2023 年调查。

（三）统计分析方法

根据因变量的类型，本章采用二分类 logistic 回归分析方法，先后建立三个统计分析模型，将控制变量、自变量先后纳入模型进行检验，探讨自变量、控制变量与因变量的独立关系。

三、居民社区安全治理参与意愿的现状与特征

我们通过频次分析表和列联表等描述性分析方法描绘居民的社区安全治理参与意愿的整体形貌及其相关特征。

  本研究采用五级的李克特量表测量社区居民的安全治理参与意愿。表 4-2 呈现了居民参与社区安全治理的主观意愿情况。从中可以发现，在 2011 年的调查中，17.69% 的社区居民表示"很愿意"参与社区安全治理活动，66.15% 的社区居民表示"比较愿意"参与社区安全治理活动，3.85% 的社区居民表示"不太愿意"参与社区安全治理活动，仅有 2.31% 的社区居民表示"不愿意"参与社区安全治理活动，另有 10% 的社区居民对参与社区安全治理活动持"无所谓"的态度。在 2023 年的调查中，选择比较愿意参与社区安全治理活动的社区居民占比最多，为 49.56%；其次为选择很愿意参与社区安全治理活动的社区居民，占比为 29.2%，而选择不愿意和不太愿意参与社区安全治理活动的社区居民共占到 7.97%，占比较小。

  根据以上选择分布，大部分受访居民表示愿意参与社区安全治理活动，这表明社区居民参与社区安全治理活动的意愿相对较高，对参与社区安全治理工作表达出较高的主观意愿。

表 4-2   社区安全治理参与意愿总体情况

参与意愿	2011 年调查数据		2023 年调查数据	
	频次	百分比（%）	频次	百分比（%）
不愿意	6	2.31	7	3.10
不太愿意	10	3.85	11	4.87
无所谓	26	10.00	30	13.27
比较愿意	172	66.15	112	49.56
很愿意	46	17.69	66	29.20
总计	260	100.0	226	100.0

数据来源：《城市居民社区安全治理参与状况》2011 年、2023 年调查。

　　表 4-3 列示了男性和女性参与社区安全治理活动的主观意愿情况。根据表 4-3，2011 年调查中，在"很愿意"参与社区安全治理活动的类别中，男性占 43.48%，女性占 56.52%，女性很愿意参与社区安全治理活动的比例要高于男性；在"比较愿意"参与社区安全治理活动这一类别中，男性占 47.67%，女性占 52.33%，女性比较愿意参与社区安全治理活动的比例也要高于男性；在对参与社区安全治理活动表示"无所谓"这一类别中，男性占 69.23%，女性占 30.77%，男性持"无所谓"态度的比例要高于女性；在"不太愿意"参与社区安全治理活动的类别中，男性占 60%，女性占 40%，男性不太愿意参与社区安全治理活动的比例也要高于女性。在 2023 年的调查中，也能够发现同样的情况，即女性"很愿意""比较愿意"参与社区安全治理的比例均要高于男性。此外，从性别与社区安全治理参与主观意愿的交叉列联表来看，在 2011 年调查数据中，皮尔逊卡方统计检验是显著的（p<0.05），这说明女性参与社区安全治理的意愿要显著高于男性。然而，在 2023 年调查数据中，皮尔逊卡方检验并不显著。

表 4-3　不同性别社区居民的社区安全治理参与意愿

		不愿意	不太愿意	无所谓	比较愿意	很愿意	总计
2011年调查	男	0 (0.00%)	6 (60.00%)	18 (69.23%)	82 (47.67%)	20 (43.48%)	126 (48.46%)
	女	6 (100%)	4 (40.00%)	8 (30.77%)	90 (52.33%)	26 (56.52%)	134 (51.54%)
	总计	6 (100.0%)	10 (100.0%)	26 (100.0%)	172 (100.0%)	46 (100.0%)	260 (100.0%)

		不愿意	不太愿意	无所谓	比较愿意	很愿意	总计
2023年调查	男	1 (14.29%)	2 (18.18%)	12 (40.00%)	37 (33.04%)	29 (43.94%)	81 (35.84%)
	女	6 (85.71%)	9 (81.82%)	18 (60.00%)	75 (66.96%)	37 (56.06%)	145 (64.16%)
	总计	7 (100%)	11 (100%)	30 (100%)	112 (100%)	66 (100%)	226 (100%)

注：2011 年 Pearson Chi2（4）= 11.17；p = 0.025。2023 年 Pearson Chi2（4）= 5.40；p = 0.249。

数据来源：《城市居民社区安全治理参与状况》2011 年、2023 年调查。

　　表 4-4 展现了不同年龄段社区居民参与社区安全治理活动的主观意愿选择分布。在 2011 年的调查中，在"很愿意"参与社区安全治理活动的类别中，21—40 岁的占 43.48%，41—50 岁的占 21.74%，50 岁以上的占 34.78%；在"比较愿意"参与社区安全治理活动这一类别中，20 岁及以下的占 1.16%，21—40 岁的占 45.35%，41—50 岁的占 15.22%，50 岁以上的占 38.37%；在"无所谓"这一态度类别中，21—40 岁的占 50%，41—50 岁的占 3.85%，50 岁以上的占 46.15%；在"不太愿意"参与社区安全治理活动这一类别中，21—40 岁的占 10%，41—50 岁的占 60%，50 岁以上的占 30%。2023 年的调查中，在社区安全治理参与意愿的各个类别中，均以 21—40 岁的受访者占比最高，这可能与样本中该年龄组的受访者占比较多有关。根据以上数据，不同年龄组参与社区安全治理活动的比例并不相同，以中年人和老年人为主。同时，在 2011 年调查数据中，年龄与社区安全治理参与主观意愿的皮尔逊卡方统计检验是显著的（p = 0.008），这表明年龄与社区安全治理参与主观意愿显著相关。然而，在 2023 年调查数据中，两者的

关系并不显著。

表4-4 不同年龄社区居民的社区安全治理参与意愿

		不愿意	不太愿意	无所谓	比较愿意	很愿意	总计
2011年调查	20岁及以下	0 (0.00%)	0 (0.00%)	0 (0.00%)	2 (1.16%)	0 (0.00%)	2 (0.77%)
	21—40岁	6 (100.0%)	1 (10.00%)	13 (50.00%)	78 (45.35%)	20 (43.48%)	118 (45.38%)
	41—50岁	0 (0.00%)	6 (60.00%)	1 (3.85%)	26 (15.22%)	10 (21.74%)	43 (16.54%)
	50岁以上	0 (0.00%)	3 (30.00%)	12 (46.15%)	66 (38.37%)	16 (34.78%)	97 (37.31%)
	总计	6 (100.0%)	10 (100.0%)	26 (100.0%)	172 (100.0%)	46 (100.0%)	260 (100.0%)
2023年调查	20岁及以下	0 (0.00%)	0 (0.00%)	2 (6.67%)	2 (1.79%)	2 (3.03%)	6 (2.65%)
	21—40岁	6 (85.71%)	9 (81.82%)	21 (70.00%)	96 (85.71%)	53 (80.30%)	185 (81.86%)
	41—50岁	0 (0.00%)	1 (9.09%)	4 (13.33%)	6 (5.36%)	7 (10.61%)	18 (7.96%)
	50岁以上	1 (14.29%)	1 (9.09%)	3 (10.00%)	8 (7.14%)	4 (6.06%)	17 (7.52%)
	总计	7 (100.0%)	11 (100.0%)	30 (100.0%)	112 (100.0%)	66 (100.0%)	226 (100.0%)

注：四舍五入可能导致数据相加不等于100%。

表4-4总计一栏的百分比为行总计占样本总数的百分比。

2011年 Pearson Chi2（12）= 26.85；p = 0.008。2023年 Pearson Chi2（12）= 7.51；p = 0.822。

数据来源：《城市居民社区安全治理参与状况》2011年、2023年调查。

表4-5呈现了本市户籍与外省户籍社区居民的社区安全治理参与

意愿情况。根据表4-5，2011年的调查数据，在"很愿意"参与社区安全治理活动的类别中，本市户籍占100%；在"比较愿意"参与社区安全治理活动的这一类别中，本市户籍占90.7%，外省户籍占9.3%；在"无所谓"这一类别的选择中，本市户籍占84.62%，外省户籍占15.38%；在"不太愿意"参与社区安全治理活动的类别中，本市户籍居民占100%；在"不愿意"参与社区安全治理活动的这一类别中，本市户籍占66.67%，外省户籍占33.33%。在2023年的调查中，我们也可以发现，本市户籍居民选择"很愿意"和"比较愿意"参与社区安全治理活动的比例要高于外省户籍居民。总体来看，本市户籍居民的参与意愿要高于外省户籍居民，而从2011年调查数据的皮尔逊卡方检验结果来看，p值也是显著的（$p<0.05$），这表明户籍身份与社区安全治理的参与意愿显著相关。但是，两者的关系在2023年调查数据中并不显著。

表4-5　不同户籍社区居民的社区安全治理参与意愿

		不愿意	不太愿意	无所谓	比较愿意	很愿意	总计
2011年调查	本市	4 (66.67%)	10 (100.0%)	22 (84.62%)	156 (90.70%)	46 (100.0%)	238 (91.54)
	外省	2 (33.33%)	0 (0.00%)	4 (15.38%)	16 (9.30%)	0 (0.00%)	22 (8.46)
	总计	6 (100.0%)	10 (100.0%)	26 (100.0%)	172 (100.0%)	46 (100.0%)	260 (100.0%)

续表

		不愿意	不太愿意	无所谓	比较愿意	很愿意	总计
2013年调查	本市	4 (57.14%)	5 (45.45%)	20 (66.67%)	82 (73.21%)	51 (77.27%)	162 (71.68%)
	外省	3 (42.86%)	6 (54.55%)	10 (33.33%)	30 (26.79%)	15 (22.73%)	64 (28.32%)
	总计	7 (100.0%)	11 (100.0%)	30 (100.0%)	112 (100.0%)	66 (100.0%)	226 (100.0%)

注：2011年 Pearson Chi2（4）= 11.73；p = 0.019。2023年 Pearson Chi2（4）= 5.97；p = 0.201。

数据来源：《城市居民社区安全治理参与状况》2011年、2023年调查。

表4-6展现了不同教育程度社区居民参与社区安全治理活动的主观意愿选择分布。2011年的调查中，在"很愿意"参与社区安全治理的社区居民中，初中及以下学历的占4.34%，高中/中专学历的占34.78%，大专学历的占30.44%，本科及以上学历的也占30.44%；在"比较愿意"参与社区安全治理的社区居民中，初中及以下学历的占9.3%，高中/中专学历的占36.05%，大专学历的占29.07%，本科及以上学历的占25.58%；在"不太愿意"参与社区安全治理的社区居民中，高中/中专学历的占20%，本科及以上学历的占80%；在"不愿意"参与社区安全治理的社区居民中，大专学历的占66.67%，本科及以上学历的占33.33%。在2023年的调查中，我们也可以观察到，具有本科及以上学历的受访者愿意参与社区安全治理的比例要高于高中/中专、初中及以下学历的受访者。总体来看，教育水平高的社区居民参与社区安全治理的意愿可能要更高。从皮尔逊卡方检验结果来看，2011年调查结果显示，教育程度与社区安全治理参与的关系是边际显著的（p = 0.051），而2023年调查结果显示，两者关系在统计上不显著。

表 4-6　不同受教育程度社区居民的社区安全治理参与意愿

		不愿意	不太愿意	无所谓	比较愿意	很愿意	总计
2011年调查	初中及以下	0 (0.00%)	0 (0.00%)	2 (7.69%)	16 (9.30%)	2 (4.34%)	20 (7.69%)
	高中/中专	0 (0.00%)	2 (20.00%)	8 (30.77%)	62 (36.05%)	16 (34.78%)	88 (33.85%)
	大专	4 (66.67%)	0 (0.00%)	8 (30.77%)	50 (29.07%)	14 (30.44%)	76 (29.23%)
	本科及以上	2 (33.33%)	8 (80.00%)	8 (30.77%)	44 (25.58%)	14 (30.44%)	76 (29.23%)
	总计	6 (100.0%)	10 (100.0%)	26 (100.0%)	172 (100.0%)	46 (100.0%)	260 (100.0%)
2023年调查	初中及以下	0 (0.00%)	0 (0.00%)	3 (10.00%)	1 (0.89%)	3 (4.55%)	7 (3.10%)
	高中/中专	0 (0.00%)	1 (9.09%)	2 (6.67%)	7 (6.25%)	3 (4.55%)	13 (5.75%)
	大专	0 (0.00%)	0 (0.00%)	3 (10.00%)	9 (8.04%)	3 (4.55%)	15 (6.64%)
	本科及以上	7 (100.0%)	10 (90.91%)	22 (73.33%)	95 (84.82%)	57 (86.35%)	191 (84.51%)
	总计	7 (100.0%)	11 (100.0%)	30 (100.0%)	112 (100.0%)	66 (100.0%)	226 (100.0%)

注：2011 年 Pearson Chi2（12）= 20.93；$p=0.051$。2023 年 Pearson Chi2（12）= 11.45；$p=0.491$。

数据来源：《城市居民社区安全治理参与状况》2011 年、2023 年调查。

表 4-7 列示了不同职业社区居民参与社区安全治理的主观意愿情况。根据表 4-7，2011 年调查数据显示，在表示"很愿意"参与社区安全治理的居民中，工人占 4.35%，公务员、事业单位人员占 26.09%，公司职员、商业人员占 43.48%，离退休、下岗人员占 26.09%；在选择"比较愿意"的社区居民中，工人占 8.14%，公务员、事业单位人员占 31.4%，公司职员、商业人员占 25.58%，自由职业者和学生占 2.33%，离退休、下岗人员占 30.23%；在选择"不太愿意"的社区居民中，公

务员、事业单位人员占 80%，离退休、下岗人员占 20%；在选择"不愿意"类别中，公司职员、商业人员占 33.33%，自由职业者和学生占 66.67%。在 2023 年的调查中，不同职业类别在社区安全治理参与意愿上的选择比例亦不相同。其中，在"很愿意"类别中，公司职员、商业人员的选择比例最高；在"比较愿意"类别中，同样是公司职员、商业人员的占比较高，公务员、事业单位人员的占比次之。综合 2011 年和 2023 年数据来看，公司职员和商业人员、公务员和事业单位人员、离退休人员参与社区安全治理的意愿更高。同时，从职业与社区居民社区安全治理参与意愿的列联分析来看，在 2011 年调查数据中，皮尔逊卡方检验的结果是显著的（p<0.001），说明职业与居民的社区安全治理参与意愿显著相关。然而，在 2023 年调查数据中，并未发现两者的显著关系。

表 4-7　不同职业社区居民的社区安全治理参与意愿

		不愿意	不太愿意	无所谓	比较愿意	很愿意	总计
2011年调查	工人	0 (0.00%)	0 (0.00%)	0 (0.00%)	14 (8.14%)	2 (4.35%)	16 (6.15%)
	公务员、事业单位人员	0 (0.00%)	8 (80.00%)	2 (7.69%)	54 (31.40%)	12 (26.09%)	76 (29.23%)
	公司职员、商业人员	2 (33.33%)	0 (0.00%)	8 (30.77%)	44 (25.58%)	20 (43.48%)	74 (28.46%)
	自由职业者、学生	4 (66.67%)	0 (0.00%)	6 (23.08%)	4 (2.33%)	0 (0.00%)	14 (5.38%)
	离退休、下岗人员	0 (0.00%)	2 (20.00%)	8 (30.77%)	52 (30.23%)	12 (26.09%)	74 (28.46%)
	其他	0 (0.00%)	0 (0.00%)	2 (7.69%)	4 (2.33%)	0 (0.00%)	6 (2.31%)
	总计	6 (100.0%)	10 (100.0%)	26 (100.0%)	172 (100.0%)	46 (100.0%)	260 (100.0%)

		不愿意	不太愿意	无所谓	比较愿意	很愿意	总计
2023年调查	工人	0 (0.00%)	0 (10.00%)	1 (3.33%)	0 (0.00%)	0 (0.00%)	1 (0.44%)
	公务员、事业单位人员	0 (0.00%)	2 (18.18%)	1 (3.33%)	26 (23.21%)	13 (19.70%)	42 (18.58%)
	公司职员、商业人员	6 (85.71%)	8 (72.73%)	21 (70.00%)	76 (67.86%)	44 (66.67%)	155 (68.58%)
	自由职业者、学生	0 (0.00%)	1 (9.09%)	4 (13.33%)	5 (4.46%)	5 (7.58%)	15 (6.64%)
	离退休、下岗人员	1 (14.29%)	0 (0.00%)	3 (10.00%)	5 (4.46%)	3 (4.54%)	12 (5.31%)
	其他	0 (0.00%)	0 (0.00%)	0 (0.00%)	0 (0.00%)	1 (1.51%)	1 (0.44%)
	总计	7 (100.0%)	11 (100.0%)	30 (100.0%)	112 (100.0%)	66 (100.0%)	226 (100.0%)

注：四舍五入可能导致数据相加不等于100%。

2011年 Pearson Chi2（20）= 96.10；p < 0.001。2023年 Pearson Chi2（20）= 22.32；p = 0.324。

数据来源：《城市居民社区安全治理参与状况》2011年、2023年调查。

　　表4-8呈现了不同收入社区居民参与社区安全治理的主观意愿。根据表4-8，2011年调查数据显示，在表示"很愿意"参与社区安全治理的居民中，月收入3000元及以下的占60.87%，3001—5000元的占34.78%，5001—7000元的占4.35%；在"比较愿意"参与社区安全治理工作的社区居民中，月收入3000元及以下的占60.47%，3001—5000元的占36.05%，5001—7000元的占3.49%；在"不太愿意"参与社区安全治理的社区居民中，月收入3000元及以下的占40%，3001—5000元的占40%，5001—7000元的占20%；在"不愿意"参与社区安全治理的社区居民中，主要是3001—5000元的居民。根据2023年的调查数据，在"很愿意"和"比较愿意"参与类别中，月收入为7001—10000元的受访者占比最高，分别为24.24%和28.57%。总而言之，月收入和

社区安全治理参与的关系呈现分化的格局，月收入处于 3000 元及以下和 7001—10000 元区间的社区居民的参与意愿较强烈。此外，从收入与社区安全治理参与意愿变量关系的皮尔逊卡方检验结果来看，在 2011 年调查数据中，p 值是显著的（$p<0.001$），这表明收入与社区安全治理参与意愿显著相关。但是，在 2023 年调查数据中，两者的关系并未通过显著性检验。

表 4-8 不同月收入社区居民的社区安全治理参与意愿

		不愿意	不太愿意	无所谓	比较愿意	很愿意	总计
2011年调查	3000 元及以下	0 (0.00%)	4 (40.00%)	16 (61.53%)	104 (60.47%)	28 (60.87%)	152 (58.46%)
	3001—5000 元	6 (100.0%)	4 (40.00%)	6 (23.08%)	62 (36.05%)	16 (34.78%)	94 (36.15%)
	5001—7000 元	0 (0.00%)	2 (20.00%)	2 (7.69%)	6 (3.49%)	2 (4.35%)	12 (4.62%)
	7001—10000 元	0 (0.00%)	0 (0.00%)	2 (7.69%)	0 (0.00%)	0 (0.00%)	2 (0.77%)
	总计	6 (100.0%)	10 (100.0%)	26 (100.0%)	172 (100.0%)	46 (100.0%)	260 (100.0%)

		不愿意	不太愿意	无所谓	比较愿意	很愿意	总计
2023年调查	3000元及以下	0（0.00%）	0（0.00%）	2（6.67%）	4（3.57%）	6（9.09%）	12（5.31%）
	3001—5000元	1（14.29%）	1（9.09%）	5（16.67%）	8（7.14%）	4（6.06%）	19（8.41%）
	5001—7000元	0（0.00%）	4（36.36%）	2（6.67%）	20（17.86%）	10（15.15%）	36（15.93%）
	7001—10000元	1（14.29%）	2（18.18%）	6（20.00%）	32（28.57%）	16（24.24%）	57（25.22%）
	10001—15000元	3（42.86%）	1（9.09%）	8（26.67%）	29（25.89%）	15（22.73%）	56（24.78%）
	15001—20000元	0（0.00%）	0（0.00%）	3（10.00%）	6（5.36%）	7（10.61%）	16（7.08%）
	20000元以上	2（28.57%）	3（27.27%）	4（13.33%）	13（11.61%）	8（12.12%）	30（13.27%）
	总计	7（100.0%）	11（100.0%）	30（100.0%）	112（100.0%）	61（100.0%）	226（100.0%）

注：四舍五入可能导致数据相加不等于100%。

2011年 Pearson Chi2（12）= 36.78；p < 0.001。2023年 Pearson Chi2（24）= 22.79；p = 0.532。

数据来源：《城市居民社区安全治理参与状况》2011年、2023年调查。

表4-9描述了不同居住年限社区居民参与社区安全治理的主观意愿的回答分布。根据表4-9，在2011年的调查中，在表示"很愿意"参与社区安全治理的居民中，居住年限1—3年的占17.39%，居住年限4—5年的也占17.39%，居住年限6—10年的占26.09%，居住年限11—20年的也占26.09%，居住年限20年以上的占13.04%；在表示"比较愿意"参与社区安全治理的居民中，居住年限在1年以下的占3.49%，居住年限1—3年的占16.28%，居住年限4—5年的占31.4%，居住年限6—10年的占24.42%，居住年限11—20年的占9.3%，居住年限20年以上的占15.12%；对于"不太愿意"参与社区安全治理的

居民，居住年限 1—3 年、4—5 年、6—10 年、11—20 年的分别各占
20%；对于"不愿意"参与社区安全治理的居民，居住年限 4—5 年的
占 66.67%，居住年限 20 年以上的占 33.33%。在 2023 年的调查中，在
"很愿意"和"比较愿意"参与这两个类别中，居住年限在 6—10 年的
受访者占比最高，分别占到 34.85% 和 35.71%。由上所述，居住年限较
长的居民，其参与意愿可能越强烈。此外，从社区居住年限与社区治理
安全治理参与意愿变量关系的皮尔逊卡方检验结果来看，p 值是不显著
的，这表明社区居住年限与居民的社区安全治理参与意愿的相关关系并
不显著，需要样本量更大的数据加以检验。

表 4-9　不同居住年限社区居民的社区安全治理参与意愿

		不愿意	不太愿意	无所谓	比较愿意	很愿意	总计
2011年调查	1 年以下	0 (0.00%)	0 (0.00%)	0 (0.00%)	6 (3.49%)	0 (0.00%)	6 (2.31%)
	1—3 年	0 (0.00%)	2 (20.00%)	6 (23.08%)	28 (16.28%)	8 (17.39%)	44 (16.92%)
	4—5 年	4 (66.67%)	2 (20.00%)	6 (23.08%)	54 (31.40%)	8 (17.39%)	74 (28.46%)
	6—10 年	0 (0.00%)	2 (20.00%)	4 (15.38%)	42 (24.42%)	12 (26.09%)	60 (23.08%)
	11—20 年	0 (0.00%)	2 (20.00%)	4 (15.38%)	16 (9.30%)	12 (26.09%)	34 (13.08%)
	20 年以上	2 (33.33%)	2 (20.00%)	6 (23.08%)	26 (15.12%)	6 (13.04%)	42 (16.15%)
	总计	6 (100.0%)	10 (100.0%)	26 (100.0%)	172 (100.0%)	46 (100.0%)	260 (100.0%)

		不愿意	不太愿意	无所谓	比较愿意	很愿意	总计
2023年调查	1年以下	0 （0.00%）	1 （9.09%）	2 （6.67%）	1 （0.89%）	0 （0.00%）	4 （1.77%）
	1—3年	2 （28.57%）	2 （18.18%）	6 （20.00%）	9 （8.04%）	7 （10.61%）	26 （11.50%）
	4—5年	1 （14.29%）	2 （18.18%）	5 （16.67%）	22 （19.64%）	13 （19.70%）	43 （19.03%）
	6—10年	2 （28.57%）	3 （27.27%）	7 （23.33%）	40 （35.71%）	23 （34.85%）	75 （33.19%）
	11—20年	1 （14.29%）	2 （18.18%）	5 （16.67%）	25 （22.32%）	8 （12.12%）	41 （18.14%）
	20年以上	1 （14.29%）	1 （9.09%）	5 （16.67%）	15 （13.39%）	15 （22.73%）	37 （16.37%）
	总计	7 （100.0%）	11 （100.0%）	30 （100.0%）	112 （100.0%）	66 （100.0%）	226 （100.0%）

注：四舍五入可能导致数据相加不等于100%。

2011年 Pearson Chi2（20）= 24.71；p = 0.213。2023年 Pearson Chi2（20）= 21.09；p = 0.391。

数据来源：《城市居民社区安全治理参与状况》2011年、2023年调查。

四、居民社区安全治理参与意愿的影响因素分析

为了分析居民社区安全治理参与意愿的影响因素，本研究先后建立了三个统计模型，模型的结果见表4-10。模型1和模型2纳入了控制变量，模型3在模型2的基础上进一步纳入了自变量。模型2和模型3的似然比（likelihood ratio，简称LR）卡方检验是显著的，说明了模型建构的有效性。在模型3中，Pseudo R2为0.235，表明模型中的变量解释了因变量23.5%的变异。

表 4-10　居民社区安全治理参与意愿影响因素的二分类 logistic 回归结果

	模型 1		模型 2		模型 3	
	OR	标准误	OR	标准误	OR	标准误
性别（对照组：男性）	1.161	0.286	1.311	0.337	1.282	0.367
年龄	0.984	0.010	0.996	0.011	1.009	0.013
党员身份（对照组：党员）	0.569	0.154*	0.520	0.148*	0.619	0.193
受教育程度（对照组：初中及以下）						
高中/中专	1.560	0.817	1.286	0.687	0.819	0.472
大学及以上（含大专）	0.713	0.336	0.508	0.261	0.46	0.251
户籍（对照组：本市）	0.457	0.134**	0.568	0.202	0.653	0.263
职业状态（对照组：非在业）			0.251	0.095***	0.336	0.135**
收入（对照组：5000 元及以下）						
5001—10000 元			0.608	0.226	0.474	0.190†
10001—15000 元			0.484	0.211†	0.405	0.203†
15001—20000 元			0.582	0.414	0.347	0.295
20000 元以上			0.274	0.136**	0.245	0.145*
社区居住年限（对照组：3 年及以下）						
4—5 年			1.370	0.532	1.377	0.600
6—10 年			1.938	0.790	1.449	0.689

续表

	模型 1		模型 2		模型 3	
	OR	标准误	OR	标准误	OR	标准误
10 年以上			1.375	0.555	1.277	0.603
社区社会资本					1.251	0.066***
社区认同					1.252	0.049***
常数	15.580	12.325***	17.207	15.024***	0.013	0.017***
Log likelihood	−224.723		−214.874		−178.161	
LR chi2	16.30*		36.00***		109.43***	
Pseudo R2	0.035		0.077		0.235	
样本量	486		486		486	

注：†表示 p<0.1，*表示 p<0.05，**表示 p<0.01，***表示 p<0.001。在进行回归分析时，本研究将 2011 年、2023 年调查数据进行了合并。

数据来源：《城市居民社区安全治理参与状况》2011 年、2023 年调查。

根据表 4-10，在模型 1 中，党员身份、户籍对社区安全治理参与意愿的影响是显著的。对于党员身份而言，非党员居民愿意参与社区安全治理的可能性是党员的 0.569 倍，即党员要比非党员具有更高的参与社区安全治理的可能性。外省户籍受访者参与社区安全治理的意愿是本市户籍受访者的 0.457 倍，本市户籍受访者要比外省户籍受访者具有更高的参与社区安全治理的可能性。在模型 2 中，党员身份、职业、收入等变量的影响都是显著的。在模型 3 中，职业、收入的影响仍然是显著的，户籍和党员身份变量的影响不再显著，而自变量社区社会资本和社区认同是显著的。以模型 3 为例，对显著的变量进行解释。在业居民愿意参与社区安全治理的可能性是非在业居民的 0.336 倍，即非在业（含退休人员）居民愿意参与社区安全治理的可能性更高。收入在 5000—10000 元的社区居民参与社区安全治理的可能性是收入在 5000 元及以下的 0.474 倍，收入在 10000—15000 元的社区居民参与社区安全治理的可能性是收入在 5000 元及以下的 0.405 倍，收入在 15000—20000 元的社区居民参与社区安全治理的可能性是收入在 5000 元及以下的 0.347 倍，即收入高的居民愿意参与社区安全治理的可能性更低。就社会资本和社区认同变量而言，社会资本每加一个单位，社区居民愿意参与社区安全治理的概率提升 1.251，社区认同度每加一个单位，社区居民愿意参与社区安全治理的概率提升了 1.252，即社会资本和社区认同度高的居民，参与社区安全治理意愿的可能性会更高。

综上所述，从最终模型来看，职业、收入等变量的影响是显著的，非在业（含退休人员）、低收入居民参与社区安全治理的意愿更高。社会资本和社区认同对社区居民安全治理参与意愿的影响也是显著的，社会资本和社区认同度越高，参与社区安全治理的意愿就越高。也就是说，如果社区居民的社会资本越丰富，对社区具有越高的认同感，那么其参与社区安全治理活动的意愿也就越高。居民的社会资本和社区认同度越高，居民越会将社区视为自己的家，从而愿意为了维护社区的安全和秩序而贡献自己的力量和行动，也有利于将社区参与意愿转化为社区参与行动。

本研究的发现与现有研究的结论是一致的，如谌卉珺、蒋琳认为，"社区居民参与及互动的主观意愿与邻里交往互动行为正相关，居民邻里交往意愿越强烈的社区，社区参与及互动就越积极、频繁"①。颜玉凡和叶南客在分析城市居民的社区公共文化生活逻辑时也发现，"认同在公共文化生活中的生产与再生产是推动居民持续参与的重要动力机制，这种认同性参与的持续产生是以居民对多维认同的追寻和实践为重

---

① 谌卉珺，蒋琳. 社区认同与社区参与：邻里空间的再造 [J]. 行政科学论坛，2018（11）：57-61.

要动因"①。也就是说，社区认同是社区参与意愿的理念基础；在认同的基础上，参与意愿才更有可能生成，并转化为实际的参与行动。此外，根据本章的实证结果，提升社区居民对社区的认同度对于提高社区安全治理参与意愿具有重要的实践意义。特别是，我们能够在社区治理实践中通过提升居民社区认同度来提高居民的社区参与意愿，唤起居民的社区参与行动，从而为推动社区的有效有序治理奠定情感基础。

---

① 颜玉凡，叶南客.认同与参与——城市居民的社区公共文化生活逻辑研究 [J].社会学研究，2019，34（2）：147-170.

第五章　城市社区居民安全治理参与行为现状

2021 年 7 月，中共中央、国务院《关于加强基层治理体系和治理能力现代化建设的意见》提出，"力争用 5 年左右时间，建立起党组织统一领导、政府依法履责、各类组织积极协同、群众广泛参与，自治、法治、德治相结合的基层治理体系"，不断提升基层治理体系和治理能力现代化。在推进基层治理现代化的过程中，社区有效治理越来越强调居民的社区参与，居民的广泛参与不仅有利于社区社会资本的凝结，而且还能够促进社区治理的内生动力。社区安全治理是社区治理的日常工作之一。社区居民参与社区公共安全事务，成为社区居民参与社区治理的有效途径，对于维护社区的安全至关重要。基于此，本章主要根据本研究所开展的问卷调查数据，考察城市社区居民社区安全治理参与的总体现状以及社区安全治理的主体、内容及相关制度设置。

一、城市社区居民安全治理参与总体状况

（一）参与意愿强烈，参与实践不足

表 5-1 展示社区居民参与社区安全治理的主观意愿与实际参与行为之间的选择分布情况。可以发现，2011 年，在选择的 218 名愿意参与社区安全治理活动的社区居民中，有 75.23% 的居民参与过维护社区安全工作的活动，只有 24.77% 的居民没有参与过维护社区安全的工作，即大多数选择愿意参与安全工作的居民，都将主观参与意愿转化为了实际的参与行为。在 16 名不愿意参与社区安全治理活动的社区居民中，只有 25% 的居民参与过社区安全治理工作，75% 的居民没有参与过社区安全治理活动，也就是说，选择不愿意参与社区安全治理活动的居民，大多数都没有发生实际的参与行为。2023 年的调查中，在愿意参与社区安全治理活动的社区居民中，有 70.79% 的居民表示参与过维护社区安全工作的活动，只有 29.21% 的居民表示没有参与过维护社区安全的工作，同样表明大多数选择愿意参与安全工作的居民也将主观参与意愿转化为了实际的参与行为，而选择不愿意参与社区安全治理活动的居民，大多数都没有发生实际的参与行为。如果没有参与意愿，发生实际参与行为的可能性会降低；而如果具有了参与意愿，那么参与意愿转化为实际参与行为的可能性会更高。换言之，社区参与意愿是参与行为实质发生的前提，而参与行为是参与意愿的结果。

表 5-1　社区安全参与意愿与参与行为情况

	2011 年调查			2023 年调查		
	愿意	无所谓	不愿意	愿意	无所谓	不愿意
参与过	164 (75.23%)	8 (30.77%)	4 (25.00%)	126 (70.79%)	3 (10.00%)	1 (5.56%)
未参与过	54 (24.77)	18 (69.23)	12 (75.00)	52 (29.21%)	27 (90.00)	17 (94.44)
总计	218 (100.0%)	26 (100.0%)	16 (100%.0)	178 (100%.0)	30 (100%.0)	18 (100%.0)

注：2011 年 Pearson Chi2（2）= 35.20；p<0.001。2023 年 Pearson Chi2（2）= 60.439；p<0.001。

数据来源：《城市居民社区安全治理参与状况》2011 年、2023 年调查。

　　表 5-2 呈现了社区居民月参与社区安全治理活动的频次。根据表 5-2，在 2011 年的调查中，没有发生过社区安全治理参与行为的有 80 人，占总调查人数的 30.77%，而月参与次数主要集中在 1—3 次，有 114 人的月参与频次处于 1—3 次之间，3 次以上的只占总数的约 25%；在 2023 年的调查中，没有发生过社区安全治理参与行为的有 94 人，占总调查人数的 41.74%，月参与次数同样主要集中在 1—3 次，占到 32.74%，3—5 次的也占到 15.93%。由此可见，大部分被调查对象的实际参与频次较少，参与水平整体处于低位。总体而言，社区居民具有广泛的社区安全治理参与意愿，希望参与到社区安全治理工作中。但与居民的高参与意愿形成鲜明反差的是，居民的参与行为实践相对缺乏，实质性参与到社区安全治理工作中的人数较少，参与的频次稀少且间隔性较大，参与行为水平并不理想。

表 5-2　社区居民月参与社区安全治理活动频次

	2011 年调查		2023 年调查	
	频次	百分比（%）	频次	百分比（%）
没有	80	30.77	94	41.59
1—3 次	114	43.85	74	32.74
3—5 次	30	11.54	36	15.93
5—10 次	12	4.62	17	7.52
10—20 次	18	6.92	4	1.77
20—30 次	6	2.31	1	0.44
总计	260	100.0	226	100.0

数据来源：《城市居民社区安全治理参与状况》2011 年、2023 年调查。

（二）参与不均衡，依赖性明显

社区居民安全治理参与的层次和水平不均衡，结构不合理，出现分化迹象。从参与人员的性别结构来看，女性的参与频次要明显高于男性，即女性参与社区安全治理的程度更高，如表 5-3 所示。从参与人员的年龄来看，调查显示中年以上群体的社区居民参与程度较高，年轻人参与程度不足，可见第四章表 4-4 和第六章表 6-1、6-2。从参与所从事的工作来看，多从事巡逻工作和安全信息宣传工作，见本章表 5-5。因而，居民社区安全治理参与的层次不深、主体范围和领域过窄。另外，居民参与的依赖性比较明显，也就是依附组织或他人的参与行为居多，受群体影响显著，且存在一定的参与路径依赖，容易导致形式化参与。

表5-3　不同性别社区居民每月参与社区安全治理活动频次

		月参与次数						总计
		0 次	1—3 次	3—5 次	5—10 次	10—20 次	20—30 次	
2011年调查	男性	48（60.00%）	40（35.09%）	18（60.00%）	8（66.67%）	12（66.67%）	0（0.00%）	126（48.46%）
	女性	32（40.00%）	74（64.91%）	12（40.00%）	4（33.33%）	6（33.33%）	6（100.0%）	134（51.54%）
	总计	80（100.0%）	114（100.0%）	30（100.0%）	12（100.0%）	18（100.0%）	6（100.0%）	260（100.0%）
2023年调查	男性	33（35.11%）	26（35.14%）	16（44.44%）	6（35.29%）	0（0.00%）	0（0.00%）	81（35.84%）
	女性	61（64.89%）	48（64.86%）	20（55.56%）	11（64.71%）	4（100.0%）	1（100.0%）	145（64.16%）
	总计	94（100.0%）	74（100.0%）	36（100.0%）	17（100.0%）	4（100.0%）	1（100.0%）	226（100.0%）

注：表5-3总计一栏的百分比为行总计占样本总数的百分比。

数据来源：《城市居民社区安全治理参与状况》2011年、2023年调查。

（三）社区领导、精英的宣传带动作用突出

目前，作为社区自治组织主体的社区居委会在社区安全治理中的作用明显，社区居委会的领导和号召是居民社区安全治理参与行为选择的重要参考。社区安全治理工作的宣传、组织和开展都离不开居委会。社区中存在的精英对社区安全治理工作的开展具有重要作用，他们多是居委会成员、治安积极分子和社区工作者，他们的威信是社区安全治理工作开展的重要资本，能够引导和鼓励社区居民的安全治理参与工作。因而，社区居委会、社区精英和社区民警共同构成社区安全维护的领导团队。此外，社区居委会和社区精英在社区安全治理中的突出作用，也从侧面印证了居民社区安全治理参与主动性的缺乏，居民的社区安全治理参与主要为社区居委会和社区精英引导下的被动式参与。

二、城市社区安全治理参与的主体

从理论上来讲，社区安全治理参与的主体包括以个体身份参与的居民个人、社区保安、居委会领导、治安积极分子和警察等，以及以组织身份参与的社区居委会、治安志愿者组织和物业公司等具有社区治安维护功能的组织。

但现实调查情况显示：在 2011 年的调查中，当问及警察是否为社区治安参与的主要力量时，53.85%的被调查居民选择了"是"这一选项；当问及治安联防巡逻队是否为主要力量时，有 40%的被调查居民选择"是"；当问及社区居委会是否为主要力量时，42.31%的被调查者选择了"是"；问及社区保安时，只有 15.38%的被调查者选择"是"；当问及社区成员是否为主要力量时，有 24.62%的被调查居民选择了"是"；而问及社区物业时，22.31%的被调查居民认为"是"；而街道办事处的选择较少（见表 5-4）。

在 2023 年的调查中，有 68.58%的被调查居民认为社区居委会是社区安全治理参与的主要力量，选择比例最多；其次为社区保安和警察，分别占到 66.81%和 63.72%；再次为治安巡逻队和物业，选择比例分别为 58.41%和 57.52%，选择社区成员和街道办事处的则较少。仅从这两次调查的结果来看，警察、社区居委会、社区保安和治安巡逻队被看作社区安全治理的最主要力量。如表 5-4 所示。因而，警察、社区居委会、志愿组成的治安联防巡逻队、社区居民个人以及社区物业等都是社区安全治理工作的主要参与者。

表 5-4 社区安全治理参与的主要力量

	2011 年调查		2023 年调查	
	是	否	是	否
警察	140（53.85%）	120（46.15%）	144（63.72%）	82（36.28%）
治安巡逻队	104（40.00%）	156（60.00%）	132（58.41%）	94（41.59%）
社区居委会	110（42.31%）	150（57.69%）	155（68.58%）	71（31.42%）
社区保安	40（15.38%）	220（84.62%）	151（66.81%）	75（33.19%）
物业	58（22.31%）	202（77.69%）	130（57.52%）	96（42.48%）
社区成员	64（24.62%）	196（75.38%）	98（43.36%）	128（56.64%）
街道办事处	22（8.46%）	238（91.54%）	83（36.73%）	143（63.27%）
其他	2（0.77%）	258（99.23%）	0（0.00%）	0（0.00%）

数据来源：《城市居民社区安全治理参与状况》2011 年、2023 年调查。

三、城市社区居民社区安全治理参与的内容

社区居民安全治理参与的内容包括与社区安全相关的方方面面，包括社区巡逻、社区守护、安全宣传、调解居民纠纷以及社区帮教等具体工作内容。本研究的问卷调查显示，居民社区安全治理参与的工作内容以社区巡逻、社区服务、社区安全宣传为主。例如，在 2011 年的调查中，被调查者的 72.22% 对"社区巡逻是其参与社区安全治理的主要工作"给出了肯定回答。在 2023 年的调查中，有 36.36% 的被调查者对"社区巡逻是其参与社区安全治理的主要工作"给出了肯定回答。如表 5-5 所示。

在 2011 年和 2023 年的调查中，分别有 22.22% 和 62.88% 的被调查

居民在回答"从事社区安全宣传是其社区安全治理参与的主要工作"问题时，给出了肯定答复。如表 5-5 所示。相较于 2011 年的调查，2023 年调查的受访者对社区安全宣传给出肯定答复的比例略有上升。

另外，在社区服务方面，2011 年的调查中，有 50.00% 的被调查者认为"社区服务是其参与社区安全治理的主要工作"；根据 2023 年的调查结果，有 60.61% 的受访者在参与社区安全治理的过程中主要从事社区服务工作。

表 5-5　社区安全治理参与的主要内容

	2011 年调查		2023 年调查	
	是	否	是	否
社区巡逻	130（72.22%）	50（27.78%）	48（36.36%）	84（63.64%）
调解居民纠纷	36（20.00%）	144（80.00%）	60（45.45%）	72（54.45%）
社区服务	90（50.00%）	43.0（50.00%）	80（60.61%）	52（39.39%）
协助警察工作	16（8.89%）	164（91.11%）	31（23.48%）	101（76.52%）
社区信息收集	26（14.44%）	154（85.56%）	57（43.18%）	75（56.82%）
社区护卫	16（8.89%）	164（91.11%）	26（19.70%）	106（80.30%）
安全宣传	40（22.22%）	140（77.78%）	83（62.88%）	49（37.12%）
社区帮教与矫正	4（2.22%）	176（97.78%）	21（15.91%）	111（84.09%）
消防安全维护	6（3.33%）	174（96.67%）	30（22.73%）	102（77.27%）
保护犯罪现场	0（0.00%）	180（36.36%）	8（6.06%）	124（93.94%）
疫情防控①	——	——	42（31.82%）	90（68.18%）

———————————

① 2011 年调查未采集居民参与社区疫情防控的相关数据。

	2011 年调查		2023 年调查	
	是	否	是	否
其他	4（2.22%）	176（97.78%）	0（0.00%）	0（0.00%）

数据来源：《城市居民社区安全治理参与状况》2011 年、2023 年调查。

除了社区巡逻、社区服务和社区安全宣传之外，居民纠纷的调解和社区信息收集也是居民社区安全治理参与的内容。2011 年的调查中，分别有20.00%和14.44%的被调查居民认为这两项工作是其社区安全治理参与的主要工作；2023 年，分别有 45.45%和 43.18%的被调查居民认为这两项工作是社区安全治理参与的主要内容。此外，在 2023 年的调查中，有 31.82%的被调查居民选择疫情防控这一选项，即认为疫情防控也是社区安全治理参与的主要内容。协助警察工作、社区护卫、社区帮教与矫正、消防安全维护、保护犯罪现场等工作内容的选择比例则较少。

四、城市社区居民社区安全治理参与的方式

如前所述，居民安全治理参与的方式按照参与的组织程度划分，可分为组织参与和非组织参与；按照参与的制度化程度，可分为制度化参与和非制度化参与；根据参与主体的主动程度，可分为动员性参与和自主性参与。但调查研究显示，居民的社区安全治理参与以组织参与、非制度化参与和动员性参与为主，如表5-6 所示。

表5-6 社区居民安全治理参与的形式

	2011 年调查		2023 年调查	
	是	否	是	否
未参与	80 (30.77)	180 (69.23%)	94 (41.59%)	132 (58.41%)
社区（居委会）组织	141 (78.33%)	39 (21.67%)	42 (31.82%)	90 (68.18%)
个人主动自愿	38 (21.11%)	142 (78.89%)	39 (29.55%)	93 (70.55%)
社区志愿协会、兴趣小组招募	0 (0.00%)	180 (100.0%)	47 (35.61%)	85 (64.39%)
警察号召	0 (0.00%)	180 (100.0%)	3 (2.27%)	129 (97.73%)
参与制度规定	9 (5.00%)	171 (95.00%)	1 (0.76%)	131 (99.24%)

数据来源：《城市居民社区安全治理参与状况》2011 年、2023 年调查。

由表5-6可以发现，在参与过社区安全治理工作的被调查居民中，2011 年的调查，有78.33%的受访者是通过社区（居委会）的组织引导方式参与社区安全工作的；仅有21.11%的是出于自愿而主动参与社区安全工作，这说明在参与总数一定的情况下，被动或动员性的参与居多。另外，出于制度规定而参与社区安全工作的也仅有5.00%，说明在一定的参与人数中，以非制度化的参与行为占多数。

在2023 年的调查中，受访者占比最多的参与方式为社区志愿协会、兴趣小组招募，占到35.61%，其次为社区（居委会）组织和个人主动自愿，分别占到了31.82%和29.55%，而选择警察号召和参与制度规定的受访者则比例较少。

比较而言，相对于2011 年的调查，2023 年调查结果所体现出的一个明显的变化是通过社区志愿协会、兴趣小组招募参与社区安全治理的受访者增多,并且自愿参与社区安全工作的受访者也显著增加,这反映出目前的社区安全治理参与尽管也表现出被动参与、非制度化参与的特点,但非正式参与、主动性参与程度明显提升。

五、城市社区安全治理组织的运行状态

社区安全治理组织是具有社区治安功能的社区组织,主要包括社区居委会、社区党组织、治保会和治安志愿者组织等。

社区党组织在社区工作中处于领导地位,党组织成员在社区安全治理工作中发挥组织带头作用,社区居委会主任一般也担任社区基层党组织负责人。

除了社区民警外,当前社区层面的安全治理工作是在居委会的组织与指导下开展的。但因社区类型的不同,职责上会有差异。对于新建的住宅小区,居委会与业主委员会一起负责雇佣物业管理公司,以物业管理公司的保安来开展社区安全维护工作,包括门禁、证件检查和巡逻等日常工作。而居委会负责监督物业公司的安全维护工作,并负责安全维护的相关周边工作。有的单位制社区,如笔者调研的 Q 社区,则没有聘请专门的物业管理公司,只是在居委会的组织下,雇佣了两个保安来开展日常的治安维护工作,包括看守、巡逻和监视等工作。另外,对于传统型社区,则同样没有配备物业管理部门,如笔者调研的 Y 社区,Y社区的日常安全维护工作主要依靠民警和居委会组织的治保会和志愿巡逻队来完成。

对具体的楼、院和单元来说,社区居民自发或在民警和居委会组织下成立相关的治安小组,推举楼长、院长和单元组长来负责整楼、院和单元的治安秩序维护工作。楼长、院长和单元组长是联结社区群众与民

警的纽带，他们通过看守和观察，为民警提供治安信息，可以有效发现安全漏洞，开展安全防范工作。

社区还存在一些兴趣小组或协会，这种小组或协会也被看作非正式的社区组织，如文体爱好协会、老年协会和青少年协会等。在笔者调查的 Y 社区，民警和居委会根据社区居民的爱好，成立了京剧协会和剪纸协会，但是这些协会的特色在于京剧段子和剪纸内容均与社区安全相关，如京剧段子的内容是宣传社区安全防范的，剪纸的内容是一些犯罪预防标语或遇到侵害时的应对办法，居民通过参与这些协会的活动不仅加入社区安全防范工作中，而且增进了社区邻里关系。

六、城市社区安全治理参与的制度设置

目前，尚没有专门的社区安全治理参与制度，其中在正式制度方面，具有制度引导功能的主要有《中华人民共和国城市居民委员会组织法》《中华人民共和国村民委员会组织法》和全国人大常委会《关于加强社会治安综合治理的决定》等。而在非正式制度方面，各社区的参与制度也不尽相同，多为全社区居民投票通过且具有社区效力的非正式规范。比如警民定期议事制度、治安参与奖励制度和居民议事制度等。

根据问卷调查的数据，2011 年调查时，68.46%的被调查居民认为社区存在安全治理参与制度，31.53%的被调查居民不知道其存在；2023 年调查时，有 69.47%的被调查居民回答社区存在安全治理参与制度，也有 30.53%的回答没有社区安全治理参与的相关制度。如表 5-7 所示。相较而言，到 2023 年，回答社区存在安全治理参与制度的比例略有提升。

表 5-7　社区居民安全治理参与制度

	2011 年调查		2023 年调查	
	频次	百分比（%）	频次	百分比（%）
有	178	68.46	157	69.47
没有	82	31.53	69	30.53
总计	260	100.0	226	100.0

数据来源：《城市居民社区安全治理参与状况》2011 年、2023 年调查。

上述数据表明，一方面，仍有不少社区居民根本不知道社区存在安全治理参与的制度，表明社区参与制度的宣传力度不足；另一方面，一半多的社区居民知道社区有相关的安全治理参与制度，但如表 5-6 所示，分别只有 5.00% 和 0.76% 的受访社区居民是在参与制度的引导下参与社区安全治理活动的，这说明社区正式参与制度的"空设"，即社区安全治理参与制度没有起到应有的制度效力。因此，尽管当前社区存在不同形式的社区安全治理参与制度，但制度创新力度不足和执行能力不够，这说明社区安全治理参与仍存在制度创新的空间，需要完善参与制度设置。

第六章　城市社区居民安全治理参与行为影响因素

　　社区是社会治理的基本单位。习近平总书记在参加十二届全国人大二次会议上海代表团的审议时强调："基层是一切工作的落脚点，社会治理的重心必须落实到城乡、社区。"① 因此，加强社区治理是推进国家治理体系和治理能力现代化的基础性工程，也是增强人民群众获得感、幸福感、安全感的内在要求。

　　在当前社区治理的场域，社区安全治理是社区治理的重中之重。以北京为例，社区日常安全防控、重大节日维稳、流动人口管理与服务等均构成了社区治理的重要方面，是日常社区治理必不可少的工作内容。社区安全事务作为社区公共事务的领域之一，社区居民通过参与社区安全治理，能够有效地参与社区治理。换言之，社区安全治理参与构成了社区参与的重要维度。同时，社区安全治理参与行为可能不是自然而然就产生的，会受到多种内外因素的共同引导或作用。所以，在分析了社

---

　　① 习近平：社会治理的重心必须落实到城乡、社区［EB/OL］．（2016-03-05）［2023-08-23］. http：//m. cnr. cn/news/20160305/t20160305_ 521543121. shtml.

区安全治理参与意愿以后，本章继续分析城市社区居民安全治理参与行为的影响因素。

一、理论假设

研究假设 1：不同特征的社区居民参与社区安全治理的程度存在着显著差异。即居民个人的年龄、社区居住时间、闲暇时间、受侵害经历、安全需求变化，以及参与行为策略影响居民的社区安全治理参与程度。

这一假设是基于个体的相关特征而提出的。社区成员作为社区的相对独立个体，其所具有的先天特征和后天发展的属性的差别会对其参与社区安全治理的程度产生影响。不同类型的居民由于其不同的特征，参与社区安全治理的程度会有所不同，同时，就社区群体而言，社区具有相同特征或同质性的群体，也会产生群体内的参与一致和群体间的参与差异。基于这一假设，本研究引入年龄、社区居住时间、闲暇时间、受侵害经历、安全需求变化、参与行为策略等变量，来分析这些变量对居民个体社区安全治理参与行动的影响程度。

研究假设 2：社区关系网络、居民社区归属感、社区参与制度影响社区居民的安全治理参与行为。这一假设是基于社会资本理论提出来的，即借用社会资本理论这一分析工具来解释居民作为集体或组织参与社区安全治理的逻辑。

社会资本存在多种形式，科尔曼认为社会资本的主要形式是相互信任关系，其他的形式还有共享的信息网络、有效的社会规范、权威关系以及合作性的社会组织。① 普特南把信任、规范和网络看作社会资本的主要形式，然而，在众多论述中，相互信任、规范和社会网络始终是基本的三种形式。本研究正是以社会资本所包含的三种形式作为基础，来研究这三者对社区居民安全治理参与行为的影响。

在社区层面，社区社会资本通常表现为社区信任与认同、社区规范或制度、社区网络关系等形式。社区社会资本通过社区信任认同、社区网络和规范影响居民的安全治理参与行动。即居民的社区认同与归属感越强，社区居民的安全治理参与程度或频率就越高；社区制度越完备明确，社区居民的参与程度就越高；个人参加的社会团体和社会交往越多，人们在这种交往中形成的社区网络就越丰富，从中获取的物质支持和感情支持就越多，参与社区安全治理的程度也就越高。

为了研究的需要，本章用居民社区归属感作为社区信任与认同的测量变量，来分析社区归属感对社区居民安全治理参与的影响，同时研究社区制度，特别是社区参与制度对居民安全治理参与行为的影响，以及社区关系网络与居民安全治理参与行为的关系。

研究假设 3：社区组织领导者的存在、社区警察的态度影响社区居民的安全治理参与。这一假设是基于治安权理论提出的。如前所述，治安权理论认为社会治安权包括以警察机关为代表的国家治安权和公民个人与社会民间组织所拥有的民间治安权，两者的有机构成称为治安权力结构。换言之，社区警察的国家治安权、社区组织的民间集体治安权和居民个人的民间治安权构成社区治安权力结构。在社区治安权力结构中，社区警察的治安权以及社区组织治安权会对居民个体治安权的享有和行使产生影响，而社区居民的安全治理参与是实现居民治安权的主要

① 杨善华，谢立中. 西方社会学理论（下卷）[M]. 北京：北京大学出版社，2006：12.

形式，所以社区警察的治安权以及社区组织治安权会对居民的安全治理参与行为产生影响。因而，代表国家治安权的社区警察的态度会影响居民的安全治理参与行为；而在社区组织中，社区组织的领导者的作用非常明显，代表着社区组织的治安权，所以他们的存在也会对居民的安全治理参与产生影响。综合来看，社区治安权的结构影响居民的安全治理参与行为，即代表国家治安权的社区警察的态度与居民的安全治理参与行为呈正相关关系，社区组织的领导者的宣传鼓动有利于居民安全治理参与行为的实现。

研究假设 4：宏观制度与政策和社会重大活动影响社区居民的安全治理参与程度。从宏观方面来看，国家制定的社区相关的制度与政策，包括警务政策与战略，会影响居民的安全治理参与程度。这些制度或政策落实到社区工作中，会对居民的安全治理参与行为起到引导和规制作用。

另外，本研究假设，如北京奥运会这样的社会重大活动，也会对居民的安全治理参与行为产生影响。

二、社区居民安全治理参与行为的影响因素：个体层面

（一）年龄

年龄因素是个体的基本特征之一。笔者在实地调查中发现，社区安全治理的主要力量之一是离退休人员，他们的年龄多在 50 岁以上。在本研究的假设中，把年龄看作居民安全治理参与行为的影响因素之一，下面是对这一假设的验证，如表 6-1 所示。

表 6-1　社区居民年龄段与月安全治理参与次数的列联表（2011 年调查）

		月参与次数						总计
		0 次	1—3 次	3—5 次	5—10 次	10—20 次	20—30 次	
年龄段	20 岁及以下	0 (0.00%)	0 (0.00%)	0 (0.00%)	2 (16.67%)	0 (0.00%)	0 (0.00%)	2 (0.77%)
	21—40 岁	56 (70.00%)	45 (39.47%)	8 (26.67%)	3 (25.00%)	6 (33.33%)	0 (0.00%)	118 (45.38%)
	41—50 岁	10 (12.50%)	22 (19.30%)	4 (13.33%)	0 (0.00%)	5 (27.78%)	2 (33.33%)	43 (16.54%)
	50 岁以上	14 (17.50%)	47 (41.23%)	18 (60.00%)	7 (58.33%)	7 (38.89%)	4 (66.67%)	97 (37.31%)
总计		80 (100.0%)	114 (100.0%)	30 (100.0%)	12 (100.0%)	18 (100.0%)	6 (100.0%)	260 (100.0%)

注：总计一栏的百分比为行总计占样本总数的百分比。

Pearson Chi2（15）= 81.33；p< 0.001。

数据来源：《城市居民社区安全治理参与状况》2011 年调查。

　　笔者在 2011 年实地调查中发现，社区安全治理的其中一个重要力量是离退休人员，他们的年龄多在 50 岁以上。从表 6-1 可知，在不同的年龄段中，高参与频次主要集中在 50 岁以上的社区居民群体中，并且主要集中在 1—10 次的参与频次区间范围内。21—40 岁的社区居民参与的程度较低，他们中有 56 人没有参与过社区安全治理工作，其他人的参与次数也主要集中在 1—3 次的低频次参与区间内，另外，20 岁及以下的青少年参与程度最低。因而，基于上述简单的数据趋势分析，我们可以初步得出，年龄大的社区居民参与社区安全治理工作的次数多，两者存在一定的相关关系。

表 6-2　社区居民年龄段与月安全治理参与次数的列联表（2023 年调查）

<table>
<tr><td rowspan="2" colspan="2"></td><td colspan="6">月参与次数</td><td rowspan="2">总计</td></tr>
<tr><td>0 次</td><td>1—3 次</td><td>3—5 次</td><td>5—10 次</td><td>10—20 次</td><td>20—30 次</td></tr>
<tr><td rowspan="8">年龄段</td><td rowspan="2">20 岁及以下</td><td>5</td><td>1</td><td>0</td><td>0</td><td>0</td><td>0</td><td>6</td></tr>
<tr><td>(5.32%)</td><td>(1.35)</td><td>(0.00%)</td><td>(0.00%)</td><td>(0.00%)</td><td>(0.00%)</td><td>(2.65%)</td></tr>
<tr><td rowspan="2">21—40 岁</td><td>69</td><td>66</td><td>34</td><td>14</td><td>2</td><td>0</td><td>185</td></tr>
<tr><td>(73.40%)</td><td>(89.19)</td><td>(94.44)</td><td>(82.35)</td><td>(50.00)</td><td>(0.00%)</td><td>(81.86%)</td></tr>
<tr><td rowspan="2">41—50 岁</td><td>9</td><td>4</td><td>2</td><td>3</td><td>0</td><td>0</td><td>18</td></tr>
<tr><td>(9.57%)</td><td>(5.41)</td><td>(5.56)</td><td>(17.65)</td><td>(0.00%)</td><td>(0.00%)</td><td>(7.96%)</td></tr>
<tr><td rowspan="2">50 岁以上</td><td>11</td><td>3</td><td>0</td><td>0</td><td>2</td><td>1</td><td>17</td></tr>
<tr><td>(11.70%)</td><td>(4.05)</td><td>(0.00%)</td><td>(0.00%)</td><td>(50.00)</td><td>(100.0%)</td><td>(7.52%)</td></tr>
<tr><td colspan="2">总计</td><td>94</td><td>74</td><td>36</td><td>17</td><td>4</td><td>1</td><td>226</td></tr>
<tr><td colspan="2"></td><td>(100.0%)</td><td>(100.0%)</td><td>(100.0%)</td><td>(100.0%)</td><td>(100.0%)</td><td>(100.0%)</td><td>(100.0%)</td></tr>
</table>

注：四舍五入可能导致数据相加不等于 100%。

Pearson Chi2 (15) = 39.74；$p < 0.001$。

数据来源：《城市居民社区安全治理参与状况》2023 年调查。

　　表 6-2 呈现了在 2023 年调查中社区居民年龄段与月安全治理参与次数之间的频次分布。从中可以发现，21—40 岁的受访者参与安全治理的频次最高，41—50 岁及 50 岁以上的受访者也占有一定的比例，但 20 岁及以下的受访者占比较小。这固然可能与样本中 21—40 岁的受访者较多有关，也能从一定程度上说明中年群体具有较高的安全治理参与频次。也就是说，相对于 2011 年的调查，21—40 岁年龄群体的参与频次有所提升。

表 6-3　年龄与居民安全治理参与频次的相关性分析

	2011 年调查		2023 年调查	
	年龄组	月参与次数	年龄组	月参与次数
年龄组	1	0.178**	1	0.133*
月参与次数	0.178**	1	0.133*	1

注：*表示 p<0.05，**代表 p<0.01。
数据来源：《城市居民社区安全治理参与状况》2011 年、2023 年调查。

由于年龄和社区居民安全治理参与频次均为连续性变量，是较高层次的统计变量，所以笔者采用了皮尔逊（Pearson）相关系数分析。从表 6-3 中可以看到，2011 年的调查中，年龄和社区居民安全治理参与的 Pearson 相关系数是 0.178，并且在 0.01 的水平下是显著的，表明变量年龄与居民安全治理参与频次呈低度相关，且具有显著的统计相关性；2023 年的调查中，年龄和社区居民安全治理参与的 Pearson 相关系数是 0.133，并且在 0.05 的水平下是显著的，也具有显著的统计相关性。这一相关说明年龄是居民安全治理参与的影响因素。对年龄较低的居民来说，近年来，中年群体的参与程度也在不断提升。而对年龄较大的群众，特别是离退休人员，他们不仅具有充足的时间精力，还受到老有所为品格精神的感召而参与到社区安全治理工作中。

（二）闲暇时间

闲暇时间是人们工作之余可以自由支配的时间。在闲暇时间，人们可以休息、学习、娱乐和开展各种社交活动，从而可以增强自己生活的丰富性，提高自己的生活质量。那么，闲暇时间与居民安全治理参与行为的关系是什么样的呢？以下从闲暇时间的减少与增加两个方面对这一问题进行回答。

1. 闲暇时间减少

"我呀，在一家私企工作，平时工作比较忙，还经常出差，你也知道，私企嘛，加班是家常便饭。这样我平时在家的时间就很少，晚上回来主要是休息，也就没有时间和精力去管小区的事了，除非必要，就不怎么参与社区治安工作。"① ——Case 1

"以前我是小区的治安志愿者，是戴红袖标的啊！但是自从前年有了孩子之后，要带孩子，时间就少了，孩子牵扯的精力非常大，也就不去居委会了，也不是志愿者了。"——Case 3

由上述 Case 1 和 Case 3，闲暇时间被工作占据和孩子出生所带来的闲暇时间减少是两人参与程度低的主要原因。这说明随着闲暇时间的减少，居民的社区安全治理参与程度下降。

2. 闲暇时间增加

"我已经退休了，儿女也都工作了，平时空闲的时间比较多，我想也不能总这么闲着吧，这就听从了居委会主任贾主任的意见，成为一名社区巡逻队员，不仅空闲时间打发了，还能交几个志趣相投的老年朋友。"——Case 4

"我的工作比较清闲，下班后没什么事做，除了和家人、朋友、同事聚会之外，空闲时间也就没什么事了，响应号召嘛！也就参加了这期举行的警民座谈会，帮忙出点主意什么的。"——Case 5

背景说明：Case 7 是小区商店店主，有一定的闲暇自由时间，同时有看店无法分身的限制，有特定的社区安全治理参与方式。

"首先因为我要看店做生意，所以在小区的时间长，其次我这儿来

---

① 访谈资料基本是被访谈者的原话引述，但部分内容经过笔者整理修改，下同。

来往往的人比较多，听到的看到的也就比别人多。根据这一情况吧，民警同志跟我商量，问我愿不愿意成为治安信息员，我就同意了，负责信息收集、社区监视和守护。"——Case 7

从上述三个个案可以发现，闲暇时间的增加会影响居民个人的参与程度，闲暇时间的存在为居民参与社区安全治理工作提供了时间条件。但应该注意到，闲暇时间多或增加只是居民社区安全治理参与程度提高的必要条件，即参与程度高必然有丰富的闲暇时间作为保证，但拥有大量的闲暇时间并不一定会必然导致社区安全治理参与行为。

因而，本节的结论是闲暇时间影响居民的社区安全治理参与程度，但闲暇时间只是一种必要条件。

（三）被侵害经历

本节的主要目标是结合问卷和访谈的资料来分析被侵害经历与居民个人的社区安全治理参与行为的关系。这里所讲的被侵害经历是指居民所遭受过的违法犯罪侵害，包括身体伤害、财物侵害以及心理上的违法犯罪侵害。

在对调查问卷进行分析后发现，2011年，有46.15%的被调查者有过被侵害的经历，53.85%的被调查居民没有遭受过侵害；2023年，仅有13.27%的被调查者有过被侵害的经历，86.73%的被调查居民没有遭受过侵害。相对于2011年的调查，有过被侵害经历的受访者明显减少。如表6-4所示。

表 6-4 社区居民的受侵害经历情况

	2011 年调查		2023 年调查	
	频次	百分比（%）	频次	百分比（%）
是	120	46. 15	30	13. 27
否	140	53. 85	196	86. 73
总计	260	100. 0	226	100. 0

数据来源：《城市居民社区安全治理参与状况》2011 年、2023 年调查。

而对于"受到侵害后，是否还愿意参与社区治安活动和工作？"这一问题，2011 年问卷数据显示，3.08% 和 0.77% 的有过受侵害经历的被调查居民回答比较愿意和很愿意，有 29.23% 和 6.15% 的回答不太愿意和不愿意；2023 年问卷数据表明，7.96% 和 4.87% 的有过受侵害经历的被调查居民回答比较愿意和很愿意，仅有 0.44% 的回答无所谓。如下表6-5 所示。

表 6-5 居民遭受侵害后的社区安全治理参与意愿

	2011 年调查		2023 年调查	
	频次	百分比（%）	频次	百分比（%）
未受过侵害	140	53. 85	196	86. 73
不愿意	16	6. 15	0	0. 00
不太愿意	76	29. 23	0	0. 00
无所谓	18	6. 92	1	0. 44
比较愿意	8	3. 08	18	7. 96
很愿意	2	0. 77	11	4. 87

	2011 年调查		2023 年调查	
	频次	百分比（%）	频次	百分比（%）
总计	260	100.0	226	100.0

数据来源：《城市居民社区安全治理参与状况》2011 年、2023 年调查。

由上表可知，居民在受到违法犯罪侵害后，以不愿意态度为主，持愿意态度和中间态度的则很少。这说明有侵害经历的居民并不太愿意再参与社区安全治理工作，往往选择消极不参与的态度。

接下来要分析的是在受到侵害后，愿意和不愿意参与社区安全治理工作的原因，对于这一问题的回答，如下表 6-6 所示。

表 6-6　居民社区安全治理参与行为的影响因素——受侵害经历

访谈个案	受到侵害后，愿意或不愿意参与社区安全治理工作的原因。	意愿/原因编码
Case 1	我们小区经常发生偷盗的情况，我都丢了好几辆电动车了，民警来了也没破案，偷盗还是继续存在，所以现在小区基本每家都上锁，"各人自扫门前雪"。	弱/对社区治安的失望
Case 6	在我原来住的小区，记得那次是我刚加班回来，刚进我们小区，就被人把挎包抢了，尽管里面贵重的东西不多，但还是心有余悸。这件事以后，我和几个有同样经历的邻居就向居委会和社区民警反映，如果不管的话，我们小区的安全就会成问题。在这之后，我们社区就组织了巡逻队、治安志愿者队伍……只要我有时间我也参加。	强/利他主义驱动
Case 8	在以前租的小区，因为治安环境不好，扰民的情况时有发生，一开始还报警协商，后来干脆就早出晚归，再后来就搬走了。	弱/努力失败

从表6-6我们可以发现，居民在遭受过侵害后，会有两种行为选择：一是大部分受访者选择逃避，从此不再参与社区安全治理事务，这一方面是由于安全社区梦想的破灭，心灰意冷；另一方面是由于遭受侵害后，仍努力参与社区治安事务，但努力失败，积极性受挫而不再参与。二是也有一些受访者仍然选择不断参与社区安全治理工作，这一选择是基于利他主义的思想，作为前车之鉴，不想让自己的痛苦经历发生在别人身上，以"为他人做嫁衣"的行为唤醒群体的安全治理参与意识。因而，最后的结论是，侵害经历是居民安全治理参与行为的影响因素，只是这一因素会对居民产生或正或负两个方面的影响，进而使居民的参与行为产生两种不同的指向。

（四）社区居住时间

社区居住时间是居民在一个社区生活居住的年限。前述假设居民的社区居住年限与其社区安全治理参与程度成正相关关系。对于这一假设可理解为以下两个衍生假设：一是动态角度，即随着居民个人居住时间的增加，其参与程度会加强，但会随着人的年龄过大无力再参与而到一定时间终止，这是随时间变化的过程；二是静态视角，即对不同居住时间的群体而言，居住时间长的居民群体其参与程度也会越强，同样会随着人的年龄过大而减少参与或无力参与，这与现实参与状况有关。对于这一组假设，将用收集到的问卷数据和深度访谈资料加以检验。

1. 时间变化与社区情感的形成

结合访谈资料检验衍生假设一，即随着居民个人居住时间的增加，参与程度会增强。首先分析受访者对社区居住初期的安全治理参与状况的描述，如表6-7所示。

表 6-7　居民社区安全治理参与行为的影响因素——时间变化与社区情感

访谈个案	居住初期，为什么您的社区安全治理参与强度低？	原因编码
Case 1	在内心感觉还没有融入这个社区，觉得不是这个社区的主人，就像暂时寄住在这儿一样。	心理上的陌生
Case 2	毕竟是新的环境嘛！不了解社区安全情况，不敢贸然出头。	社区环境陌生
Case 8	应该是不熟悉吧！比如跟这个社区的人还没有什么往来，平时连个打招呼的人都没有。	对社区陌生
Case 10	对社区的一切还比较陌生，对新的社区没什么感情，周围的人也基本不认识，所以就没有参与社区活动。	感情上的陌生

对表 6-7 进行分析后可以得出，搬进社区居住的初期阶段，居民个人对社区安全环境、情感、心理等方面的陌生影响个人参与社区安全治理的行为。居民社区安全感的不确定性、情感融合的缺失以及心理上对陌生环境的"小心翼翼"都使居民暂时无法形成对社区的情感，因而，居民个体就没有参与的动机和目标，参与程度也就比较低。

但是随着居住时间的变化推移，居民的安全治理参与程度是否会提高呢？这是接下来要分析的问题。下面是 Case 2 的居民安全治理参与程度变化轨迹：

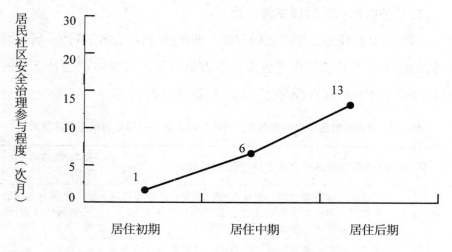

图 6-1 Case 2 的社区治安治理参与程度变化轨迹

从图 6-1 不难看出这样的变化轨迹，即随着居住时间的增加，居民 Case 2 的参与程度在不断增加。在对访谈资料分析后，笔者发现这样的逻辑关系：随着居住时间的增加，居民居住初期的陌生感与不安全感逐渐消失，居民开始与社区的一些人有了来往，并参与一些社区非正式的组织活动，继而在社区认知和交往成熟以后，对社区产生了依恋，培育出社区情感。正是这种社区情感增强了居民主动参与社区安全治理工作的动力。正如：

"毕竟在这儿住了十好几年了，谁还没有点儿感情啊！现在就是感觉社区像自己的家一样了，居委会组织的一些安全防范活动我也会积极参与，也为社区做点儿力所能及的工作。"——Case 2

"我从一个年轻小伙子，到现在结了婚，还有了孩子，这些人生重大的事情都发生在这个社区，这里留着我到目前为止最美好的一些回忆，也就对社区有了感情啦！不想让违法活动破坏那份美好记忆。"——Case 5

2. 居住时间与社区情感的维系

本节主要检验静态维度上的假设，即不同居住时间的群体，居住时间长的居民群体其参与程度也强。下表是部分访谈者对"为什么您的社区安全治理参与强度低/高?"这一问题的回答。

表6-8 居民的社区安全治理参与行为的影响因素——居住时间与社区情感

个案	为什么您的社区安全治理参与强度低/高?	参与强度/原因编码
Case 4	我对这块老地方有感情，自从工作把家安在这个小区这么多年了，对这里再熟悉不过，虽然现在小区破旧了，与新盖的豪华小区没法比，但我很满足。	高/对居住生活多年的社区有感情
Case 9	有感情基础吧! 你也看见了，我们这片是北京传统的胡同院落，有的都是世代相传的，他们家族的历史都在里面，你刚才问舍不舍得离开，还真舍不得离开。	高/在社区居住时间长，不舍离开社区
Case 10	我们家刚入住这个小区一两年的时间……感情谈不上，就觉得小区位置与环境还不错。	低/社区居住时间短，对社区没有感情
Case 16	……如果有条件更好的地方，我会搬走。	低/社区居住时间不长，对社区缺乏感情维系

由表6-8可见，居民社区居住时间的不同，会对其社区安全治理参与程度产生影响。居住时间长的居民群体对社区具有更深的感情，在心理上对社区有依赖感，对社区负向变化的容忍度更低，也更容易激发他们的参与行为。居住时间较短的居民群体由于缺乏社区情感的维系而无法产生社区安全治理参与的实际行动。

根据2011年问卷调查数据进行分析（见表6-9），同样发现居住年限长的社区居民其参与次数较多，而居住年限相对较短的社区居民其没有参与或参与次数比较少，这也说明社区居住年限的差异影响居民的安全治理参与行为。

表 6-9　社区居住年限与月安全治理参与次数的列联表（2011 年调查）

	月参与次数						总计
	0次	1—3次	3—5次	5—10次	10—20次	20—30次	
1 年以下	0 (0.00%)	2 (1.75%)	0 (0.00%)	0 (0.00%)	4 (22.22%)	0 (0.00%)	6 (2.31%)
1—3 年	18 (22.50%)	20 (17.54%)	2 (6.67%)	2 (16.67%)	2 (11.11%)	0 (0.00%)	44 (16.92%)
3—5 年	34 (42.50%)	18 (15.79%)	16 (53.33%)	4 (33.33%)	2 (11.11%)	0 (0.00%)	74 (28.46%)
5—10 年	14 (17.50%)	30 (26.32%)	10 (33.33%)	2 (16.67%)	2 (11.11%)	2 (33.33%)	60 (23.08%)
10—20 年	8 (10.00%)	18 (15.79%)	2 (6.67%)	0 (0.00%)	6 (33.33%)	0 (0.00%)	34 (13.08%)
20—30 年	4 (5.00%)	20 (17.54%)	0 (0.00%)	0 (0.00%)	2 (11.11%)	0 (0.00%)	26 (10.00%)
30—50 年	2 (2.50%)	6 (5.26%)	0 (0.00%)	2 (16.67%)	0 (0.00%)	4 (66.67%)	14 (5.38%)
50 年以上	0 (0.00%)	0 (0.00%)	0 (0.00%)	2 (16.67%)	0 (0.00%)	0 (0.00%)	2 (0.77%)
总计	80 (100.0%)	114 (100.0%)	30 (100.0%)	12 (100.0%)	18 (100.0%)	6 (100.0%)	260 (100.0%)

注：四舍五入可能导致数据相加不等于100%。

Pearson Chi2（35）= 178.86；p< 0.001。

数据来源：《城市居民社区安全治理参与状况》2023 年调查。

　　根据 2023 年问卷调查数据可以发现，居住年限在 3—5 年、5—10 年、10—20 年的社区居民参与社区安全治理的次数较多，而居住年限相对较短或特别长的社区居民没有参与或较少参与社区安全治理（见表 6-10），这也说明社区居住年限的差异影响居民的安全治理参与行为。但是，需要指出的是居住时间到一定的年限，居民的参与就会明显减少甚至中断，这是因为随着老年人的年岁增长，其已没有足够的体力与精力参与社区安全治理工作。

表6-10　社区居住年限与月安全治理参与次数的列联表（2023年调查）

		月参与次数						总计
		0次	1—3次	3—5次	5—10次	10—20次	20—30次	
社区居住年限	1年以下	4 (4.26%)	0 (0.00%)	0 (0.00%)	0 (0.00%)	0 (0.00%)	0 (0.00%)	4 (1.77%)
	1—3年	14 (14.89%)	6 (8.11%)	5 (13.89%)	1 (5.88%)	0 (0.00%)	0 (0.00%)	26 (11.50%)
	3—5年	19 (20.21%)	17 (22.97%)	3 (8.33%)	4 (23.53%)	0 (0.00%)	0 (0.00%)	43 (19.03%)
	5—10年	26 (27.66%)	24 (32.43%)	14 (38.89%)	8 (47.06%)	2 (50.00%)	1 (100.0%)	75 (33.19%)
	10—20年	17 (18.09%)	14 (18.92%)	7 (19.44%)	3 (17.65%)	0 (0.00%)	0 (0.00%)	41 (18.14%)
	20—30年	9 (9.57%)	7 (9.46%)	6 (16.67%)	1 (5.88%)	0 (0.00%)	0 (0.00%)	23 (10.18%)
	30—50年	5 (5.32%)	6 (8.11%)	1 (2.78%)	0 (0.00%)	2 (50.00%)	0 (0.00%)	14 (6.19%)
总计		94 (100.0%)	74 (100.0%)	36 (100.0%)	17 (100.0%)	4 (100.0%)	1 (100.0%)	226 (100.0%)

注：总计一栏的百分比为行总计占样本总数的百分比。

Pearson Chi2（2）= 34.47；p=0.262。

数据来源：《城市居民社区安全治理参与状况》2023年调查。

（五）安全需求变化

根据马斯洛的需要层次理论，安全需要是第二层次的需要，是人类基本的需要之一。人类对安全的需求是随着时间的变化而不断改变的，同时随着外在治安环境的变化而变化。社区居民的个体安全需求的变化会影响其参与社区安全治理的程度，以下是这次访谈中的一个案例。

背景介绍：Case 4 是一名退休职工，与老伴在社区住了有30多年了，他对这30多年来社区治安的变化深有感触。Case 4在其社区居住的前几年，月参与次数是偶尔的1—2次，而在居住中间时期为3—4次，在最近的这几年，他的社区安全治理参与次数上升到12次甚至以上，对于两个阶段参与强度明显上升的原因，分析其表述，有如下解释。

"以前刚进社区的时候，那时候还都是单位管，一切都随单位，单位都有自己的内部保卫部门，毕竟是我们单位社区嘛，彼此也比较熟悉，杂人也少，感觉小区挺安全的。"

"后来啊，不是改制嘛！单位也就不管了，慢慢社区的人也杂了，小区也经常有丢东西的啦！"

"近几年来说，我们小区也成老社区了，没有物业，只有居委会出钱雇的两个保安，我们都希望有个安全的晚年生活，现在看来也只有依靠我们自己啦！"——Case 4

除了居住时间的因素外，在Case 4的描述中，鲜明的一条主线是外在治安环境的变化引起了治安需求的变化，特别是当社区异质性消解了他的安全感后，会寻求更多的安全满足作为补偿，因而，参与到社区安全治理工作中也就成为必不可少的补偿途径，所以这种多元化的不断增强的安全需求使其参与程度增强。

（六）社区归属感及其变化

社区归属感是指社区居民把自己归入某一地域人群集合的心理状态，这种心理既有对自己社区身份的确认，也带有个体的感情色彩，包括对社区的投入、喜爱和依恋。[1] 社区归属感与社区信任相关，社区信

---

① 中国大百科全书总编辑委员会. 中国大百科全书（社会学卷）［M］. 北京：中国大百科全书出版社，1991：361.

任是社会资本的重要形式，社区归属感正是建立在社区信任这种社会资本形式之上。首先从静态的角度来分析社区归属感与居民社区安全治理参与行为的关系，即检验下述命题：社区归属感高的居民其参与程度也高，反之，社区归属感低的居民其参与程度也低。如表6-11所示。

表6-11　居民的社区安全治理参与行为的影响因素——社区归属感

访谈个案	为什么您的社区安全治理参与强度低/高？	参与强度	原因编码
Case 5	小区的氛围还是比较好的，成立的各种兴趣小组，举办的各种文化活动，都很有特色。	高	社区文化，社区归属感高
Case 10	感觉楼上楼下邻居没什么联系，你也知道，像我们这样的新建小区，楼上楼下的基本是陌生的状态，有的甚至连面都没见过，更谈不上什么信任啦！	低	人际陌生、信任缺失，社区归属感低
Case 11	虽然在这个小区安了家，但总感觉不像这儿的人，在心理上没有把这儿当作家乡。	低	心理不认同，社区归属感低
Case 14	我们家庭条件比较困难，社区领导非常关心我们家的情况，经常帮助我，给我们解决了很多困难。	高	领导关心，社区归属感高

　　由表6-11所示可知，居民的社区归属感低表现为居民在心理和感情上对社区的不认同，这种不认同造成居民参与动力的丧失、参与目标的不明确，从而影响其参与行为。社区的关怀和健康的社区文化为居民归属感的培育提供了良好的氛围，高归属感所激发的主人翁精神则为居民的社区安全治理参与行为选择提供了理性支持。

　　接下来从动态的角度来考察社区归属感的变化与居民的安全治理参

与行为的关系。

表 6-12 居民的社区安全治理参与行为的影响因素——社区归属感变化

访谈个案	为什么您的参与频度比以前增加/减弱了？	变化指向/原因编码
Case 2	我觉得是因为对社区有感情了吧！住了这几年慢慢熟悉了这里，习惯了这里，也就对自己住的地方产生了感情，并且以后要在这儿住很多年呢！	增加/感情共鸣
Case 5	我特别喜欢小区的文化氛围，我们小区办了许多文艺活动，有针对老年人的，有针对儿童的，还有针对年轻人的。	增加/社区文化认同
Case 6	换了小区之后，感觉还是心理上变得不那么近了吧！以前小区的人都认识，都很熟悉，现在没有以前那么熟悉了，有点陌生。	减弱/心理疏远
Case 13	我从心里喜欢我们小区，感觉在这儿住得很舒服，人也挺好，在心理上认为这里是自己的家！	增加/心理认同
Case 15	近几年，小区发生了很多变化，有些变化有点让人措手不及，情感没以前那么浓了，总适应新的变化，感情就变谈了。	减弱/社区情感消解
Case 16	也可能是刚来这儿的缘故，感觉现在这个小区总不是自己的家，总有一种隔阂吧！	减弱/心理不认同

基于表 6-12，我们发现居民社区归属感的增加，会使居民的社区安全治理参与程度得到提升，使其成为社区治安力量的一分子。另外，居民社区归属的减弱，如对社区的排斥、疏远、不认同和不信任，都会导致其参与程度降低。因此，社区归属感强弱的变化决定着社区居民安全治理参与程度的强弱变化。

通过以上对居民社区归属感与其安全治理参与程度的静态和动态分析，可以得出作为社会资本主要形式的社会关系网络及其变动是影响居民社区安全治理参与的重要因素。

（七）居民参与行为策略

居民参与社区安全治理的行为，其背后存在着一定的或公或私的目标指向。在社区安全治理参与中，为了实现某种目标，或为了避免被视为"搭便车者"而被边缘化的风险，或为了有效规避群体的压力，居民必然会采取特定的提高参与程度的行为策略，这有着不同的参与实践表现。表 6-13 是部分访谈对象在社区安全治理参与过程中所采取的行为策略。

表 6-13　居民的社区安全治理参与行为的影响因素——居民参与行为策略

访谈个案	社区居民的安全治理参与行为策略	行为策略	效果编码
Case 2	平时，我会比以前更关心社区内的治安事务，也注意了解居委会和社区民警的相关通知、宣传和活动，毕竟这与我们家的安全息息相关。	关心治安事务	参与意识增强
Case 4	现在，社区正在招募治安志愿者、社区巡逻队，我也报名参加了，作为社区的一员，我想通过参加这样的社区治安活动尽一份力，使咱们的社区更加安全。	参与治安组织、治安事务	参与程度增强
Case 9	通过民警的宣传，我现在安全意识提高了不少，另外你也知道，老年人平时爱在社区逛，逛的时候就会注意有没有陌生的面孔，遇到可疑的人或事也会向居委会和民警报告，这也不耽误事，时间长了反而成了我的乐趣了！	安全意识提高、社区监视守望	参与程度增强

续表

访谈个案	社区居民的安全治理参与行为策略	行为策略	效果编码
Case 11	我也是看着别人都去了，我也就跟着去；比我忙的人都操心了，我不参加，怕人说闲话；还有就是别人都通过参与治安工作与民警和居委会挺熟的，我觉得也不错，也就去了。	从众参与社区事务	参与程度相对提高
Case 14	有时候吧，我也会参与社区安全活动的制定，比如上个月我们搞的那个安全小区建设的宣传活动，一些相关工作的决定也和我们一些积极分子商量着来的，然后征求大伙的意见。	参与治安决策	参与程度增强

从表 6-13 可以发现，社区居民的安全治理参与的策略主要是表达对社区安全治理事务的关心，参与社区治安组织和治安决策。应该看到，在参与策略"面具"背后隐藏着主动和被动的心理动机。采取主动性的社区安全治理参与策略的多是社区治安的积极分子，如 Case 4，其参与的意识与主动性比较强烈，参与的程度高、范围广、效果显著，甚至影响着其他居民的参与行为选择。而被动性的社区安全治理参与策略多是"权宜之计"，主要是迫于群众的压力、"面子"人情以及规避被孤立的风险而在形式上表达对社区安全治理事务的关心，如 Case 11，其参与程度不强，效果也不是很明显。

三、社区居民安全治理参与行为的影响因素：社区层面

（一）社会关系网络规模

社会关系网络，被看作社会资本主要形式，是一个人在社会交往中

所形成的关系体系，其体现为无形的相互联结的关系网，个人能够通过这个网络获取资源，为自己提供支持。在社区范围内，居民社会关系网络的丰富程度将影响其社区安全治理参与行为。对于这一命题的真伪，是本部分所着重关注的问题。

表 6-14 是受访者对 "为什么您的社区安全治理参与强度低/高?" 这一问题的部分回答。

表 6-14　居民的社区安全治理参与行为的影响因素——社会关系网络规模

访谈个案	为什么您的社区安全治理参与强度低/高?	参与强度	原因编码
Case 2	是这样的，我们小区有一些业余协会，我就参加了一业余足球队，成员都是我们小区喜欢足球的，几个人周末的时候踢着玩，志趣相投的人在一块聊得也挺开心，久而久之，彼此的关系就很熟了。	高	有共同爱好的朋友多，参与非正式组织
Case 8	亲戚都在老家，就没什么亲戚在这个小区住啦！过节的时候，人家都去亲戚家，我也没什么地方去。	低	亲戚少
Case 9	我在这个小区住了好多年了，也算是老居民了，小区大部分人我比较熟悉，邻里之间就更不用说了，谁家有困难都会帮一下……还有一些志趣相投、年龄相仿的朋友。	高	邻里关系融洽、结交朋友多
Case 11	我刚到这个小区，对他人不怎么熟悉，没什么亲戚在这儿，在社区的朋友也不多，没什么交流吧。	低	朋友、亲戚少
Case 12	我从小就在这个小区长大，父母、亲戚、小时的玩伴、邻居大多还住在这儿，这里就是我的根啊！	高	完整的关系网络

续表

访谈个案	为什么您的社区安全治理参与强度低/高？	参与强度	原因编码
Case 16	我是外地来北京的，在这个社区住了有一小段时间了，可能是因为工作比较忙吧，早出晚归的，跟别人交流也比较少。	低	朋友少

如表 6-14 所示，社区居民的安全治理参与程度受社会关系网络的影响，社会关系网络是社区安全治理参与的充要条件，拥有优质且丰富的社会关系网络的居民（如 Case 12），其参与程度较高，而具有劣质和残缺关系网络的社区居民其参与程度较低。社会关系网络完整的居民拥有更多的资源获取能力，与社区联系紧密并易于形成关系利益的共同体，参与程度也就更高。所以，社会关系网络规模影响社区居民的安全治理参与程度。

（二）社区参与制度：参与合法化与制度化过程

在社区范围内，社区制度是居民行为活动和社区关系的规范系统，在这一意义上，社区制度也称作社区规范，并在社区中起着引导、规制和效率提升的作用。社区参与制度作为一种重要的社区制度规范，是否会影响居民的社区安全治理参与行为？这一问题将是下述的重点。

目前，不管何种类型的社区都存在着社区参与的相关制度机制，这在《中华人民共和国城市居民委员会组织法》等相关国家法律文件中均能找到依据，这些制度规定着社区各种事务的参与途径、方式和内容。除正式的参与制度之外，还存在着非正式的参与制度，如社区居民公约和协议等。问卷调查数据也显示，大多数受访者认为社区存在安全治理参与制度，如第五章表 5-7 所示。

但是这些参与制度是如何影响居民的社区安全治理参与行为的呢？

结合案例说明。

背景信息：Case 13 在 Q 社区居住了 20 年有余，提前退休在家，社区普通家庭一员，以前基本不关心社区安全治理事务，2006 年至今，开始参与社区安全治理事务。

问："是什么原因让您由不参与到参与社区安全治理活动呢？"

答："其实以前我也很想加入，但是一直缺乏机会，也怕别人说是为了某种目的去参与，总磨不开这个面子，后来，一次居委会开会的时候，讲到这个居民的参与义务，还发了一本小册子……"——Case 13

背景信息：Case 4 在 Y 社区居住了 25 年左右，退休，对社区安全治理事务热心，社区治安志愿者组织成员。

问："是什么原因让您参与社区安全治理工作呢？"

答："这个是因为我们小区的一种不成文的规定，居委会和社区民警定期都要召开社区安全状况座谈会，听取大家意见。除此之外，还有不少兴趣小组，是根据每个人的兴趣所成立的，比如京剧小组、剪纸小组，你别看这些兴趣小组看上去与小区安全无关，其实关系可密切了，就像京剧小组的段子唱的是治安防范的内容，剪纸剪的是一些安全标语。"——Case 4

从 Case 13 的资料描述中，我们可以提取"合法性"这一概念，正是社区参与制度为居民参与社区安全治理工作提供了合法性，为居民的参与行为提供了制度保证，从而消除了社区居民参与选择中的心理障碍，居民可以"名正言顺"地参与其中，赋予整个参与行为以合法性。从 Case 4 的描述中我们可以发现，社区参与的制度规范是基于社区公意而订立的，在社区范围内具有引导与约束的效力，社区内的居民有遵守与服从的义务。正是这种制度效力使居民的参与成为可能，并趋于稳定，逐渐使居民的参与行为实践制度化、日常化和规范化。

基于以上分析，我们得出这样的结论，社区参与制度通过引导和规制的方式使居民的参与行为获得合法性，并向日常化、制度化转变，以影响居民的社区安全治理参与行为。

（三）社区治安权力结构与构成

基于权力的角度，社区治安权包括国家治安权与民间治安权，前者的代表和行使者是警察，后者的代表分为两类，一类是社区组织的集体治安权，另一类是居民个体的治安权力。社区治安权力结构就是社区治安权力的配置以及各种权力所处的位置与地位，从治安权力结构内部来看，同处于一个社区治安权力结构系统中的各治安权力组成是相互影响的。以警察为代表的国家治安权与社区组织的治安权也会影响居民的社区安全治理参与行为。

本节主要分析社区治安权力结构及其组成对居民的社区安全治理参与行为的影响。在分析调查资料时发现，作为国家治安权代表的警察对居民安全治理的态度以及社区组织的领导者的支持态度是居民提及最多的因素。本研究考察警察态度与居民安全治理参与的关系，以及社区组织的领导与居民安全治理参与的关系。

1. 警察态度

首先分析警察态度与居民的社区安全治理参与的关系。笔者通过对居民的问卷调查显示，2011 年，约 79% 的受访者认为警察对居民的安全治理持支持态度，约 21.37% 的受访者认为警察对居民的安全治理持反对或不确定的态度；2023 年，72.57% 的受访者认为警察对居民的安全治理持支持态度，27.43% 的受访者认为警察对居民的安全治理持反对或不确定的态度。如表 6-15 所示。

表 6-15　警察对居民参与安全治理活动的态度

	2011 年调查		2023 年调查	
	频次	百分比（%）	频次	百分比（%）
非常不支持	3	2.29	10	4.42
不支持	19	14.50	9	3.98
不确定	6	4.58	43	19.03
支持	81	61.83	96	42.48
非常支持	22	16.79	68	30.09
总计	131	100.0	226	100.0

注：四舍五入可能导致数据相加不等于 100%。
数据来源：《城市居民社区安全治理参与状况》2011 年、2023 年调查。

　　由此看来，警察对居民的安全治理参与行为基本还是支持的。但这种态度对居民的安全治理参与程度有什么样的影响，则需要结合访谈资料进一步分析（表 6-16）。

表 6-16　居民的社区安全治理参与行为的影响因素——警察态度

访谈个案	您的社区安全治理参与程度强/弱的原因？	参与程度/原因编码
Case 7	因为我们这栋楼比较旧，商户和住户经常有安全问题产生，有时也有小偷进来，我们几家自己联合轮流来定期看守我们这个楼，并且改善楼的安全隐患，我们把这个想法告诉了社区民警，他们挺支持我们的工作，还协助我们换了安全门。	强/民警支持
Case 8	民警不太赞成我们自己"私下"搞的活动吧！怕闹出事来。	弱/民警不支持

访谈个案	您的社区安全治理参与程度强/弱的原因？	参与程度/原因编码
Case 9	主要还是社区民警组织吧！本来我也不想去参与的，但是民警一次一次地劝导，毕竟民警工作也不容易，应该支持一下的。	强/民警号召、组织
Case 15	民警不太愿意吧！民警本来工作就忙，怕麻烦，不想事太多。	弱/民警不支持

根据表6-16，可以发现民警对居民社区安全治理参与的支持，有利于提高居民的参与积极性，增强居民参与的动力，而不支持的态度会降低居民的参与程度。因而，警察的态度（包括支持与不支持），对居民的社区安全治理参与会产生影响。

2. 社区组织的领导者

社区组织的领导者是在社区各类组织中担任一定职务并起组织带头作用的社区成员。这里的社区组织包括社区居委会、社区基层党组织、社区工作站等。这些组织的领导往往是社区精英，也是社区工作的积极分子。他们的存在是否会影响居民的社区安全治理参与行为，是接下来论述的问题。

案例：社区Y

社区Y是传统型社区，大多为四合院式院落，在居委会领导和社区民警的带领下，Y社区成为北京市"首个实现数字化防控的平房社区""无案件平安社区"，在北京市安全小区评选中获得过"首都平安示范社区"奖。笔者在实地调查中，发现Y小区非常整洁，小区内道路两边的墙上挂满了写着安全标语的宣传框，小区几乎全部住户都装上了安全门，根据居民兴趣，小区成立了剪纸协会和京剧协会。在与社区居民的访谈中，受访者认为小区之所以建设得这么好，与社区领导认真负责的工作是分不开的。以下是访谈资料的部分内容：

背景信息：Case 12 是 Y 社区的居民，住着一套标准的四合院，其中一间出租，家里非常整洁，院落正中种着一棵茂盛的葡萄树，爬满整个葡萄架，上级领导来小区考察时，经常到这户人家去参观。

问："为什么您的社区居民安全治理参与的积极性这么高？"

答："其实，我们整个小区的积极性都挺高的，我觉得还是我们主任和民警这个领导团队的作用，他们真的很负责，就拿换安全门这件事说吧！以前我们小区都是明锁，经常被撬，一点都不安全，后来主任就建议我们装安全门，改成暗锁，但我们都不太愿意，主任和民警不知跑了多少趟，过了两三年，才让我们小区的大部分人装上安全门，经过这件事，我就觉得居委会的这些领导是真为我们整个小区的安全着想啊！"——Case 12

背景信息：Y 社区居委会副主任，负责小区的治安工作，为小区工作了 20 多年，建立了小区信息库，包括每户人口信息、出租屋信息、社区安全隐患信息、社区养犬相关信息等。

问："你是怎样领导和组织社区居民开展社区安全治理工作的？"

答："做这块工作其实挺琐碎的，比如说邻里有个什么纠纷，谁家有什么安全隐患，都需要我们去做工作，当然也需要技巧。另外你的工作必须真的是为居民着想，是为了咱整个小区往好的地方发展，这样居民就会慢慢地服你，才会支持你的工作，当然这也不是一天两天就能实现的，需要一个过程。"——Y 社区居委会副主任

基于上述访谈片段，我们发现社区组织的领导者对一个社区安全建设是至关重要的，他们深耕社区所培养的威信与号召力在社区中无人能及，是社区安全治理工作的领导力量，正是他们的存在，使社区安全治理工作有了民间的领导核心，增强了社区安全治理工作的组织性。特别

是在我国社区安全建设资源相对匮乏的情况下，以社区精英人物形象出现的社区组织领导者更是不可多得的宝贵资源，其依靠个人魅力、关系网络，可以充分调动和整合社区各种治安资源，从而激发社区居民的参与积极性。

四、社区居民安全治理参与行为的影响因素：社会宏观层面

（一）宏观制度与政策

在政府颁布的政策或实行的制度和战略中，有许多是涉及社区建设和社区治安的，如何从诸多的政策或制度中选择有代表性的是笔者遇到的最大问题。在访谈中，对这一问题的处理是，询问访谈者对其影响较突出的与社区相关的宏观政策，结果发现主要是户籍制度和社区相关的警务制度。

1. 户籍制度

目前，户籍制度作为一种制度安排，仍具有政策导向效力。特别是北京这样的大城市，其所承担的功能和附带的价值更多，其作为限制条件所起的排斥和屏蔽效应就更明显，如北京以户籍作为条件的房车限购政策等。可以说，户籍制度的影响是广泛的，不只限于房车的限购。而在社区安全领域，户籍制度这样具有宏观控制能力的制度是否会影响居民的安全治理参与行为呢？

表6-17   居民的社区安全治理参与行为的影响因素——户籍制度

访谈个案	您觉得您的户口对您的社区安全治理参与程度有影响吗？有怎样的影响？	参与强度	影响编码
Case 6	我没有北京户口，我感觉影响还是蛮大的，比如每次北京有重大活动的时候，我都会被查暂住证，被告诫很多注意事项，感觉一点儿都没有家的感觉，更别提其他的了。	低	体会不到家的感觉，被排斥感强
Case 8	我也没有北京的户口，其实应该说影响还是蛮大的，没有北京户口，办很多事都很不方便，比如说公司福利、房车购买、子女上学等都很受限制，就连办一件简单的事情，都要开很多证明。	低	不方便，不被接纳
Case 16	当然有影响啊！我是外地来北京的，有时我们那个小区开治安工作会议也不叫我，还怎么让我有参与的积极性啊！……并且没有安全感，特别是我刚来那会儿经常担心是不是有人查暂住证呢！	低	被忽略感增强，安全感缺乏
Case 12	我是北京户口，我觉得户口对我们的参与还是有影响的，比如我吧，我感觉北京人那种热情和荣誉感还在，也都愿意这样去做。	高	本土意识、荣誉感
Case 5	我是后来才有北京户口的，有影响吧，自从我有了北京户口以后，感觉一下子松了一口气，当时从心里感觉自己终于是一个北京人了，所以小区的一些事与自己也息息相关了，也更加关注了。	高	北京人感增强，利益相关
Case 11	我不是北京户口，但我觉得好像没什么影响，我觉得只要你认为应该去做就不要犹豫，不然就不要去。	较高	没觉察到影响

在访谈资料分析中，笔者发现在社区居住的没有北京户口的居民的参与程度要更低，而有北京户口的居民其参与程度要高。有北京户口的

居民由于其主人翁精神、北京人感的增强和与户口相关利益的获得，刺激了他们参与的主观能动性。没有北京户口的社区居民由于户籍的排斥效应，增强了其被忽视感和不被接纳感，削弱了他们的安全感和归属感，并使其丧失了一些参与机会，进而影响了这些居民的参与动机。

但是在表 6-17 中，Case 11 是一个例外，Case 11 没有北京户口，却有着较高的社区安全治理参与程度。除了因为从众参与的因素之外，还因为 Case 11 所从事的行业相对封闭，工作同事基本是外来务工人员，他们所享受的待遇基本相同，其交往的范围多是同质群体，对户籍制度所具的排斥功能与所附带的价值了解很少，也没有经历过户籍制度对其社区安全治理参与的影响。

因而，尽管存在 Case 11 没有北京户口但参与程度较高的社区居民，但这只是由于居民并未觉察到户籍制度对其参与的影响，而不能否认户籍制度对居民社区安全治理参与行为的影响。所以，最后的结论是，户籍因素影响社区居民的社区安全治理参与行为。

2. 警务制度与政策

警务制度与政策是政府在社会安全维护工作中所推行的宏观政策或战略。由于社区安全在社会安全工作中处于基础地位，因而凡是重大的警务政策都涉及社区治安工作，如社区警务战略、社会治安综合治理、社会治安防控体系等。社区警务既是一种警务哲学、警务理念，也是一种警务工作实践。社区警务作为公安部门主导推行的全国范围内的警务战略，是对社区安全治理工作影响最突出的警务政策。所以，本研究所讨论的是政策取向的社区警务战略对居民安全治理参与的行为影响。以下是部分访谈资料：

问："您觉得社区警务工作制度对您的社区安全治理参与有什么影响？"

答："有吧！我觉得国家实行这种方法挺好的，民警更贴近社区了，以前没有民警常驻社区的时候，平时有什么工作都是居委会在干，也没一个主事的，有了社区民警之后，组织性更强了，有人组织和号召居民去共同参与了。"——Case 7

问："您觉得社区警务工作制度对您的社区安全治理参与有什么影响？"

答："要说影响肯定是有的，警察驻社区这样的制度带给我们的是安全感，让我们觉得社区有个穿制服的警察同志，小偷就不敢随便进来了……这样，我们信任民警，才会去积极参与，才会配合民警工作。"——Case 13

问："您觉得社区警务的实施对您参与社区安全治理有影响吗？"

答："感觉没什么影响吧！以前怎么做，现在还是老样子，再说啦，我觉得社区警务就是一个摆设，一两周也没见民警来几次，有几次找民警办事都不在，还是要去派出所，也可能是民警工作确实忙，我们该体谅，但总体感觉没什么变化。"——Case 15

基于以上访谈者的描述，社区警务战略的实施，确实方便了居民群众，拉近了警民之间的距离，改善了警民关系，提高了居民社区安全治理的参与积极性，通过警民合作以实现社区治安的自我治理。但也发现，社区警务实行存在一定的"空壳化"现象，没有起到调动社区居民参与社区治安活动的效果，甚至起到了相反的作用。所以，以社区警务战略为轴心的警务政策影响居民的社区安全治理参与程度。

（二）社会重大活动

社会重大活动是指那些涉及人员多、影响范围广或具有突出意义的重大活动。用列举法来界定的话，包括奥运会、亚运会、世博会、全国两会、"新冠疫情"防控以及影响较大的与社会治安有关的活动等。这种类型的重大活动与居民的社区安全治理参与的关系是接下来要论述的。

以北京奥运会、北京冬奥会为例，举办奥运会是国人的梦想，这个梦想终于在2008年得以实现，奥运会成功举办也是当年中国的一件大事；2022年，北京冬奥会成功举办，北京成为历史上第一个"双奥之城"，充分展现了我国的大国形象和综合实力。然而，北京奥运会、北京冬奥会安全举办的背后，是无数安保力量（警察、保安和安保志愿者等）的辛勤努力。为了确保奥运会的安全，北京在社区招募了大量的保安和治安志愿者，与社区自己组织的巡逻队伍一起，作为辅助警力来参加奥运会安保工作。借助奥运会这一重大活动所带来的社区安全治理参与体验会对社区居民的安全治理参与产生怎样的影响？以下是结合访谈资料对这一问题的回答。

"我觉得奥运会那段时间吧！我们小区可以说是全体动员，扩大了社区巡逻队伍，加大了治安志愿者的招募和动员力度，出于奥运会的号召力，许多居民有的是自愿报名的，感觉参与奥运会的安保工作是荣誉的体现。"——Q社区居委会主任

"成为北京奥运会的一名治安志愿者，对我来说是一段难以忘记的经历。这段经历不仅改变了我以往对社区安全治理工作的态度，还让我认识到这一工作的重要性，并且从事这一工作要付出许多辛苦，正是出于对这份工作的理解，使我在奥运会以后继续参与社区安全治理工作。我觉得是北京奥运会这个契机，使我参与到社区安全治理工作中。"——Case 9

"我是一名体育爱好者，在社区动员下，我在北京冬奥会期间，承担了一些社区安全防范、疫情防控志愿工作，主要是在小区门口查看健

康宝、发布一些通知等，参与这个活动让我对社区基层的繁重工作有了更多了解和理解，也让我跟社区工作人员以及其他志愿者的关系更加融洽，感觉是共同战斗的战友，身体条件允许的话，我可能还会继续参加这个工作，有点舍不得他们。"——Case17

"我参与了社区的疫情防控工作，我在小区核酸检测点，就拿着一个扩音器对着大家喊，负责组织大家排队。在这个工作中，我体会最多的是社区真的太不容易了，我们做的都是疫情防控一些基础工作，但是很重要。疫情来了，感觉大家都是在战争状态。尽管也很累，也有一定的危险，但我为参与这样的工作感到很骄傲。"——Case18

根据受访者的描述，北京奥运会、北京冬奥会期间，以奥运安保为契机的大规模安保人员的参与，让社区居民有了社区安全治理参与的实践体验，这种体验或经历会对其以后的社区安全治理参与产生持续的影响，在后奥运时代仍然保持参与行为的惯性。因而，从北京奥运会、北京冬奥会等例子来看，社会重大活动对居民的社区安全治理参与行为具有重要的影响。

第七章　个体特征、社区参与和警察信任[①]

　　改革开放以来，随着中国经济的快速发展，中国的社会结构发生了急剧变化，社会结构阶层化，阶层利益碎片化、市场化。[②] 正是由于社会利益格局分化缺乏整合，各种社会矛盾和纠纷突显，消解现有社会控制体系的同时，也增加了社会失序的风险。警察作为社会公共安全秩序的维护者，一方面是与民众接触最为频繁的执法者，通过和谐社区关系的构建承担着化解社会矛盾的功能；另一方面又参与各类突发应急事件的处置以维护社会秩序，站在社会矛盾冲突与纠纷的最前沿，面临着比以往更为复杂的执法环境。不同的职能角色与多重立场，使民众对警察有着不同的感知与认同，对警察的信任程度出现了复杂的转向，可能开始从传统的团结合作转向异质与多元。此外，社会的变革为人口流动创造了条件，省际人口流动频繁，中国的流动人口由 1982 年的 657 万增

---

①　本章部分内容曾发表在中国人民公安大学（自然科学版）2017 年第二期，原题为《基于 logistic 回归模型的中国内地警察信任研究：现状与影响因素分析》。

②　李路路. 社会结构阶层化和利益关系市场化——中国社会管理面临的新挑战 [J]. 社会学研究，2012，27（2）：1-19.

加到 2021 年的 3.85 亿。① 人口的流动性与异质性不断增强逐渐瓦解了传统社区的同质性,警察所面临的社区民众不再是熟悉的社区邻里,而是流动性的社区人口,原来那种群防群治、团结型的警民互动关系逐渐被削弱,民众与警察的互动频率减弱。由熟悉的社区转向陌生的社区,由静态管理转向动态治理,成为多元社会环境中警察面临的基本工作常态。特别是在当前网络社会的背景下,新媒体与网络媒介的快速扩张,警察的执法等同于在放大镜下工作。网络空间为警民互动提供了重要场域,同时也为警民网络舆论冲突提供了可能。正是借助于网络空间,民众对警察行为的关注日常化、网络化,民众对警察的感知也多元化和主观化。

由上所述,在中国经济转型和体制转轨的现代化过程中,在社会的异质性和流动性增强以及网络空间繁荣的背景下,警察外在的执法工作环境变得复杂化,警民之间的互动关系可能发生了转变。因此,我们关注随着社会的变迁,民众对警察的信任程度如何,具有什么样的群体态度差异和特征。同时,研究和回答这些问题具有重要的学术价值和现实意义,不仅可以让我们了解作为政治信任视域下的警察信任的现状及特征,而且对于增进警民理解、发展警民互动关系实践、提升警察信任以维护社区安全具有重要的启示意义。

---

① 段成荣,等. 改革开放以来我国流动人口变动的九大趋势 [J]. 人口研究,2008 (6):30-43.
国家统计局. 中华人民共和国 2021 年国民经济和社会发展统计公报 [EB/OL]. (2022-02-28) [2023-07-20]. http://www.stats.gov.cn/sj/zxfb/202302/t20230203_1901393.html.

一、警察信任的概念与理论观点

（一）警察信任的概念

关于警察信任的内涵，学者们还没有统一的认识。孙懿贤（Ivan Sun）和胡荣等认为警察信任是政治信任的重要组成部分，同时也是民众对政治制度信任的重要指标。① 有的学者认为，公众对警察的信任称为警察公信力，警察信任取决于公众警察行为本身的客观效果以及公众对警察行为的主观感知。② 李峰基于研究的需要，将警察信任具体化为民众对基层派出所的信任，但是这一操作定义的范围比较狭窄。③ 何军从角色期望的角度，认为警民信任是公民对警察有技术能力的角色行为期望和对其执法合法性的期望。④ 这一概论的核心是警察的行为能力以及效果是否满足了民众的期望。总之，警察信任涉及民众对警察信赖程度的主观感知和判断，民众通过警察外在形象、执法行为、警民交往以及与警察有关的信息的接触和传递来建立其对警察的信任感知。

由于信任是在社会交往中发生作用的一种信赖关系，不仅涉及交往双方或多方的行为互动，而且信任的产生具有一定的主观性。结合上述理论论述，本研究将警察信任定义为：民众根据警察如何回应社会和民

---

① SUN I Y, HU R, WU Y. Social capital, political participation, and trust in the police in urban China [J]. Australian & New Zealand Journal of Criminology, 2015, 45 (1): 87-105.

② 王淑萍. 警民信任危机成因分析——基于"期望差异"理论 [J]. 中国人民公安大学学报（社会科学版），2010, 26 (6): 32-35.

③ 李峰. 户籍、同期群及其对警察信任度的影响：基于上海数据的分析 [J]. 社会学评论，2013, 1 (6): 73-86.

④ 何军. 危机与重构：风险社会视角下警民信任研究 [J]. 中国人民公安大学学报（社会科学版），2013 (4): 25-33.

众的期望或需要所形成的基本态度或做出的评价，是民众对警察的行为或与警察的交往中所形成的对警察的信赖程度，具有警民互动的意涵。

（二）警察信任的理论观点

较早对信任进行研究的是德国社会学家格奥尔格·齐美尔（Georg Simmel），在其著名的《货币哲学》一书中，齐美尔开创性地论述了其所提出的信任理论。以货币为中介的交换是人们互动的主要形式，而信任是确保交换得以实现的重要凭借，互动的开展和社会的运行离不开信任。① 由此，根据齐美尔的论述，其把信任理解为社会互动得以实现的重要因素，使社会关系得以可能形成。

尼克拉斯·卢曼（Niklas Luhmann）在《信任：一个社会复杂性的简化机制》一书中，将信任区分为人格信任与系统信任两种类型，他扩展了齐美尔的交换中介范围，认为除了货币之外，真理和权力也是重要的交换媒介，信任在这三种交换中介形式实现中发挥着重要作用。② 安东尼·吉登斯（Anthony Giddens）把信任作为现代性分析的重要概念，认为信任在高度现代性的社会里体现为一种持续的状态，③ 提出了人格信任、象征系统和专家系统等信任类别，并引入了当面承诺和匿名承诺这一对概念，前者与面对面的交往关系所发展的信任关系有关，后者则是在象征系统和专家系统等抽象形式的交往中形成的信任关系。显然，吉登斯用这一对范畴来指称现代社会交往方式的变迁所带来的信任机制的变化。福山在《大分裂——人类本性与社会秩序的重建》一书中，也将信任看作社会资本的重要的标准，认为社会资本的流失、信任

---

① 齐美尔. 货币哲学 [M]. 朱桂琴，译. 北京：光明日报出版社，2009.
② 尼克拉斯·卢曼. 信任：一个社会复杂性的简化机制 [M]. 瞿铁鹏，李强，译. 上海：世纪出版集团，2005.
③ 安东尼·吉登斯. 现代性的后果 [M]. 田禾，译. 南京：译林出版社，2000.

的下降是大分裂的特征之一，① 而信任作为一种重要的社会资本，理应在社会秩序重建中发挥重要的作用。科尔曼把信任看作社会资本的主要形式，信任关系是一种相互信赖的关系，其建立可以互相提供所需要的资源，而交换关系不仅产生于市场结构，同样也产生于信任结构中。

从以上经典论述中，我们可以发现，信任具有不同的形式或类型，有抽象层次和实践层次的信任，有对人的信任、对组织的信任以及对社会系统的信任等，但不管何种层次、类别的信任，其都寓于交往关系中，离不开互动，并且是确保互动得以实现的隐形力量。

在现有的实证文献中，学者们从不同的角度对警察信任进行了研究，主要涉及公共管理、社会学、政治社会学等学科。胡荣从政治社会学的角度研究政治效能感、政治参与对警察信任的影响，认为外在效能感在很大程度上增进了对警察的信任，而内在效能感则显著地减少对警察的信任，基层选举的参与在一定程度上能够增进对警察的信任。② 孙懿贤和胡荣还从社会资本与政治参与的角度来研究警察信任，认为民众对警察的关注不同会影响警察信任的程度。③ 此外，两位学者还研究了中国的移民、农村居民和城市居民三类群体对警察信任程度的差异。④

有的学者对户籍、同期群等因素对上海警察信任度的影响进行了实

---

① 弗朗西斯·福山. 大分裂：人类本性与社会秩序的重建 [M]. 刘榜离，译. 北京：中国社会科学出版社，2002：20.

② 胡荣. 中国人的政治效能感、政治参与和警察信任 [J]. 社会学研究，2015（1）：76-96.

③ SUN I Y, HU R, WU Y. Social capital, political participation, and trust in the police in urban China [J]. Australian & New Zealand Journal of Criminology, 2015, 45（1）：87-105.

④ SUN I Y, HU R, WONG D, et al. One country, three populations：Trust in police among migrants, villagers, and urbanites in China [J]. Social Science Research, 2013, 42（6）：1737-1749.

证分析，认为本地人口较外来人口更信任上海警察，"80 后"外来人口比"80 前"外来人口对上海警察的信任度高。① 学者基于期望差异理论分析警民信任危机的成因，认为民众对警察信任度的高低可以表达为民众对警察的理想期望与民众对警察实际工作的感知质量之间的落差大小。② 还有的学者认为在风险社会下，利用现代科技来提高公众对警察能力的信任是风险社会的自反性陷阱，公众对警察执法合法性的信任开始从正式政治体系脱离，转而依赖警察对公众所做的沟通、说明、解释和说服。③ 综上所述，关于警察信任的研究成果还不是很丰富，部分成果渗透在政治信任的研究中。

二、分析策略

民众对警察的信任具有主观性，准确测量这一概念非常困难。2021年中国社会状况综合调查（Chinese Social Survey，CSS）问卷中设置了关于警察信任的问题，采用四级量表来测量警察信任的概念，在"请问，您信任下列机构吗？"这一问题下询问了受访者对公安机关的信任程度。对该问题的回答共有五个选项，分别为很不信任、不太信任、比较信任与非常信任四个维度，很不信任到非常信任，信任程度逐渐增强。因此，为了便于分析，本研究采用这一测量方法。所采用的数据即为 2021 年中国社会状况综合调查数据。

---

① 李峰. 户籍、同期群及其对警察信任度的影响：基于上海数据的分析 [J]. 社会学评论，2013，1 (6)：73-86.
② 王淑萍. 警民信任危机成因分析——基于"期望差异"理论 [J]. 中国人民公安大学学报（社会科学版），2010，26 (6)：32-35.
③ 何军. 危机与重构：风险社会视角下警民信任研究 [J]. 中国人民公安大学学报（社会科学版），2013 (4)：25-33.

在明确了警察信任的综合测量后，本章采用描述性分析、T 检验、F 检验等方法考察警察信任的总体状况以及不同特征群体对警察信任程度的差别，以进一步探讨警察信任的差异性特征。

三、警察信任的现状与特征描述

（一）警察信任总体现状

根据图 7-1，我们可以发现，在调查样本数据中，有 37.79% 的被调查者选择非常信任警察，有 50.63% 的被调查者选择比较信任警察，即共有 88.42% 的被调查者选择了信任警察，在一定程度上说明了中国居民对警察的信任程度比较高。而选择很不信任的只有 2.29%，选择不太信任的占 9.3%，比例都比较低。在当代中国社会转型的语境下，尽管警察面对的社区民众不再是相对固定的比较熟悉的人群，而是面对着更加多元、复杂和流动的管理对象，这种现实增加了警察构建紧密型警民信任关系的难度，改变了警民之间的互动模式。但是，变化的现实状况并未消解中国居民对警察的信任程度，总体而言，中国居民对警察的信任程度比较高。

警察信任的总体状况

■很不信任 ■不太信任 ■比较信任 ■非常信任

图 7-1 警察信任的总体状况

数据来源：中国社会状况综合调查 CSS（2021）。

（二）警察信任的特征描述

1. 性别与警察信任

通过性别与警察信任的交互列联表（见表7-1）分析，我们发现：女性非常信任、比较信任警察的比例分别为53.62%和54.90%，均比男性要高，而女性不太信任和很不信任警察的比例要比男性低。在警察信任的各个维度，男性和女性的选择都存在不同程度的差异。从卡方检验的结果来看，两者的差异是显著的，说明对警察的信任存在着显著的性别差异，女性对警察信任的程度要高于男性。

表 7-1　不同性别居民的警察信任

	很不信任	不太信任	比较信任	非常信任	总计
男	92 （64.79%）	291 （50.35%）	1419 （45.10%）	1089 （46.38%）	2891 （46.52%）
女	50 （35.21%）	287 （49.65%）	1727 （54.90%）	1259 （53.62%）	3323 （53.48%）
总计	142 （100%）	578 （100%）	3146 （100%）	2348 （100%）	6214 （100%）

注：Pearson Chi2（3）= 25.0，$p < 0.001$。
数据来源：中国社会状况综合调查 CSS（2021）。

2. 年龄与警察信任

从年龄分组与警察信任的交互表来看，如表7-2所示，不同的年龄组别对警察信任的选择差异明显，20岁及以下（6.98%）选择非常信任警察的要比其他信任维度高，21—35岁（26.26%）选择比较信任警察的要比其他信任维度高，36—50岁（32.35%）选择不太信任警察的要比其他信任维度高，51—65岁（42.96%）和65岁以上（8.45%）则选择很不信任警察的比例最高。在各个年龄组，警察信任的维度选择都不一致，存在比例差别，其中年轻人和老年人的警察信任程度相对较高。从卡方检验的结果来看，P 值小于 0.001，说明年龄组与警察信任两者之间的差异是显著的，即民众对警察的信任存在着显著的年龄差异。

表 7-2　不同年龄居民的警察信任

	很不信任	不太信任	比较信任	非常信任	总计
20 岁及以下	1 （0.70%）	12 （2.08%）	157 （4.99%）	164 （6.98%）	334 （5.37%）
21—35 岁	29 （20.42%）	149 （25.78%）	826 （26.26%）	585 （24.91%）	1589 （25.57%）
36—50 岁	39 （27.46%）	187 （32.35%）	1006 （31.98%）	617 （26.28%）	1849 （29.76%）
51—65 岁	61 （42.96%）	196 （33.91%）	944 （30.01%）	796 （33.90%）	1997 （32.14%）
65 岁以上	12 （8.45%）	34 （5.88%）	213 （6.77%）	186 （7.92%）	445 （7.16%）
总计	142 （100%）	578 （100%）	3146 （100%）	2348 （100%）	6214 （100%）

注：四舍五入可能导致数据相加不等于 100%。
Pearson Chi2（12）= 65.101，p<0.001。
数据来源：中国社会状况综合调查 CSS（2021）。

3. 户籍类别与警察信任

由表 7-3 可知，农业户籍居民在警察信任的各个维度上都要高于非农业户籍居民。即农业户籍的居民很不信任、不太信任警察的比例要高于非农业户籍的居民，非常信任、比较信任警察的比例也要高于非农业户籍居民。卡方检验结果显示，两者的关系是显著的，即农业户籍的居民与非农业户籍的居民对警察的信任存在显著的差异。

表7-3　不同户籍居民的警察信任

	很不信任	不太信任	比较信任	非常信任	总计
农业户口	80 （56.34%）	342 （59.17%）	1861 （59.15%）	1599 （68.10%）	3882 （62.47%）
非农业户口	62 （43.66%）	236 （40.83%）	1285 （40.85%）	749 （31.90%）	2332 （37.53%）
总计	142 （100%）	578 （100%）	3146 （100%）	2348 （100%）	6214 （100%）

注：Pearson Chi2（3）= 51.465，$p<0.001$。
数据来源：中国社会状况综合调查 CSS（2021）。

4. 受教育程度与警察信任

根据表7-4，在很不信任维度上，初中学历的受访者占比最高，其次为小学及以下的受访者；在不太信任维度上，初中学历的受访者同样占比最高，其次为高中和中专的受访者；在比较信任维度上，初中学历的受访者占比亦是最高，其次为高中和中专的受访者；在非常信任维度上，小学及以下学历的受访者占比最高，其次为初中的受访者。根据列联表卡方检验的结果，不同受教育程度的居民对警察的信任程度存在差异，这种差异具有显著性。

表7-4　不同受教育程度居民的警察信任

	很不信任	不太信任	比较信任	非常信任	总计
小学及以下	35 （24.65%）	120 （20.76%）	586 （18.63%）	702 （29.90%）	1443 （23.22%）
初中	58 （40.85%）	198 （34.26%）	1048 （33.31%）	661 （28.15%）	1965 （31.62%）

	很不信任	不太信任	比较信任	非常信任	总计
高中/中专	29（20.42%）	140（24.22%）	685（21.77%）	422（17.97%）	1276（20.53%）
大专	10（7.04%）	65（11.25%）	360（11.44%）	234（9.97%）	669（10.77%）
本科及以上	10（7.04%）	55（9.52%）	467（14.84%）	329（14.01%）	861（13.86%）
总计	142（100%）	578（100%）	3146（100%）	2348（100%）	6214（100%）

注：四舍五入可能导致数据相加不等于100%。

Pearson Chi2（12）= 125.42，$p < 0.001$。

数据来源：中国社会状况综合调查CSS（2021）。

5. 收入水平与警察信任

从月收入与警察信任的交互表（表7-5）来看，在警察信任的不同维度，不同收入水平的居民选择存在差异。具体而言，在警察信任的各个维度上，5000元以下的受访者占比最多，其次为5000—10000元的受访者。但是，这种差异是否显著呢？卡方检验的结果显示，这种差异在0.01的水平下是显著的，即不同月收入水平的居民对警察的信任程度存在差异。

表7-5　不同月收入水平居民的警察信任

	很不信任	不太信任	比较信任	非常信任	总计
5000元以下	118（83.10%）	453（78.37%）	2503（79.56%）	1967（83.77%）	5041（81.12%）
5000—10000元	14（9.86%）	87（15.05%）	470（14.94%）	294（12.52%）	865（13.92%）

	很不信任	不太信任	比较信任	非常信任	总计
10000—20000 元	8 (5.63%)	27 (4.67%)	128 (4.07%)	67 (2.85%)	230 (3.70%)
20000 元以上	2 (1.41%)	11 (1.90%)	45 (1.43%)	20 (0.85%)	78 (1.26%)
总计	142 (100%)	578 (100%)	3146 (100%)	2348 (100%)	6214 (100%)

注：四舍五入可能导致数据相加不等于100%。
Pearson Chi2（9）= 25.831，p=0.002。
数据来源：中国社会状况综合调查 CSS（2021）。

综上所述，尽管社会的变迁是形塑民众警察信任的外在力量，但是民众对警察的信任感知也有着自身的逻辑和特征，表现为：

第一，中国民众对警察的信任程度较高。尽管中国警察与民众的互动关系模式有所变化，但是民众对中国警察的信任程度还是比较高的，88.42%的被调查者选择了信任警察。民众对警察的信任可能是出于中国警察维护社会公共安全能力的信任，也可能是对警察公正执法的认可，还可能是对警察形象与服务态度感到满意。黄鹏和汪冬冬利用2013年"中国社会状况综合调查"项目的数据也发现，全国警察信任比例为64.1%，[①] 尽管比例有所降低，但是也说明大多数民众对警察的信任程度还是较高的。

第二，中国民众对警察的信任程度存在差异。不同特征的民众对警察的信任程度是不同的，不同性别、年龄组、受教育程度、月收入等的居民对警察的信任态度存在差异性。比如，总体而言，女性要比男性对

① 黄鹏，汪冬冬. 警察信任状况分析研究与建设建议 [J]. 天津法学，2016（1）：102-107.

警察的信任程度更高；在不同的信任测量维度，男性与女性对警察的信任程度也存在差异。

四、社区参与和警察信任

（一）社区政治参与和警察信任

本章从社区政治参与和社区公益活动参与两个维度分析社区参与和警察信任之间的关系。其中社区政治参与是指受访者是否在最近一次的社区居委会/村委会选举中进行投票，而社区公益活动参与是指受访者最近两年是否参加社区组织或者自发组织的社会公益活动，比如义务献血、义务清理环境，为老年人、残疾人、病人提供义务帮助。

表 7-6 呈现了参与村/居委会选举投票与警察信任的关系。从中可以发现，参与村/居委会选举投票的受访者非常信任警察的比例要明显高于没有参与村/居委会选举投票的受访者，但没有参与村/居委会选举投票的受访者比较信任、不太信任警察的比例要高于参与村/居委会选举投票的受访者。此外，皮尔逊卡方检验在 0.001 的水平上是显著的，说明两者的差异具有统计学意义。总的来看，参与村/居委会选举投票的受访者非常信任警察的比例相对更高，但比较信任、不太信任警察的比例要低，呈现复杂的信任结构。

表 7-6 社区政治参与和警察信任的关系

参与村/居委会选举投票	很不信任	不太信任	比较信任	非常信任	总计
否	68 (2.15%)	320 (10.11%)	1664 (52.59%)	1112 (35.15%)	3164 (100%)

续表

参与村/居委会选举投票	很不信任	不太信任	比较信任	非常信任	总计
是	74 （2.43%）	258 （8.46%）	1482 （48.59%）	1236 （40.52%）	3050 （100%）
总计	142 （2.29%）	578 （9.30%）	3146 （50.63%）	2348 （37.79%）	6214 （100%）

注：四舍五入可能导致数据相加不等于100%。
Pearson Chi2（3）= 21.898，p<0.001。
数据来源：中国社会状况综合调查 CSS（2021）。

（二）社区公益活动参与和警察信任

表7-7呈现了社区公益活动参与和警察信任的关系。从中可以观察到，最近两年参加了社区组织或者自发组织的社会公益活动的受访者非常信任警察的比例要明显高于没有参与社会公益活动的受访者；没有参加社区组织或者自发组织的社会公益活动的受访者不太信任、很不信任警察的比例要明显高于参加了社会公益活动的受访者；参加社会公益活动和没有参加社会公益活动的受访者在比较信任上选择比例大致相当。同时，皮尔逊卡方检验在0.01的水平下是显著的，具有统计显著性。因此，参加了社区组织或者自发组织的社会公益活动的受访者信任警察的比例更高，即参与社区公益性活动能够增强对警察的信任程度。

表7-7 社区公益活动参与和警察信任的关系

参与社区公益性活动	很不信任	不太信任	比较信任	非常信任	总计
否	128 （2.34%）	531 （9.69%）	2778 （50.70%）	2042 （37.27%）	5479 （100%）

参与社区公益性活动	很不信任	不太信任	比较信任	非常信任	总计
是	14 （1.90%）	47 （6.39%）	368 （50.07%）	306 （41.63%）	735 （100%）
总计	142 （2.29%）	578 （9.30%）	3146 （50.63%）	2348 （37.79%）	6214 （100%）

注：四舍五入可能导致数据相加不等于100%。
Pearson Chi2（3）= 11.418，p = 0.01。
数据来源：中国社会状况综合调查 CSS（2021）。

　　综上所述，中国民众对警察的信任程度整体较高，不同性别、年龄组、户籍、受教育程度、月收入的居民对警察的信任态度存在着显著不同，即不同特征的中国民众对警察的信任程度存在差异性。其中，女性对警察信任的可能性要比男性高；拥有农业户口的民众要比拥有非农业户口的民众对警察的信任更高；对警察的信任程度因年龄和受教育程度而异。此外，参与村/居委会选举投票的受访者非常信任警察的比例相对更高，参加了社区组织或者自发组织的社会公益活动的受访者信任警察的比例也要更高。换言之，参与社区公益性活动有利于促进对警察的信任。

　　结合本研究的结论，有必要从以下方面继续增强民众的警察信任程度：第一，随着中国法治进程的不断加快，中国的警察信任不仅需要警察部门在执法理念、执法方式变革上采取行动，以适应社会不断渗透的流动性；第二，必须要了解群众安全需求的动态变化，以回应民众的心理期望，改变单向主导型警民互动所占比例较大的局面，[1]　因此，就有

---

① 王苏醒. 公众参与视域下的警民互动研究——以公安微博为例［J］. 北京警察学院学报，2013（5）：61-67.

必要根据不同群体的安全需要有方向性地调整警务工作策略；第三，警察信任的构建不仅需要警察部门的主位立场，即加大警务宣传，增强警察公共关系建设的主动性、及时性和广泛性，构建网络空间下的和谐警民关系，更需要民众的全方面参与，增强警民交流互动，丰富信任资本，形成社区安全共同体。

第八章　社区参与、社区团结与公众安全感

公众安全感是衡量人民生活质量的重要标准，也是新时代满足人民群众日益增长的美好生活需要的题中之义。习近平总书记多次强调："国泰民安是人民群众最基本、最普遍的愿望。"① 党的十九大报告也指出，要"使人民获得感、幸福感、安全感更加充实、更有保障、更可持续"②。建设更高水平的平安中国，不断提升人民群众的安全感，不仅是"新时代国家治理总体目标的重要构成"③，开创"中国之治"新境界的根本举措，也是全面建设社会主义现代化强国新征程中必然要完成的答卷，构成了实现共同富裕和全面建成社会主义现代化国家的坚实基底。④

---

① 习近平. 汇聚起维护国家安全强大力量 不断提高人民群众安全感幸福感 ［EB/OL］. (2016-04-14) ［2023-04-20］. http：//jhsjk. people. cn/article/28277273.

② 习近平. 决胜全面建成小康社会　夺取新时代中国特色社会主义伟大胜利——在中国共产党第十九次全国代表大会上的报告 ［M］. 北京：人民出版社，2017.

③ 郑姗姗，王浦劬. 公众安全感与政府信任的结构性相关关系实证研究 ［J］. 中国行政管理，2022，447（9）：117-125.

④ 龙莹，王健. 参加医疗保险对公众安全感的影响——基于 CGSS 2017 数据的实证分析 ［J］. 福建农林大学学报（哲学社会科学版），2022，25（4）：71-80.

　　党的十八大以来，在总体国家安全观的指引下，我国在国家安全维护、平安中国建设中取得了显著的成就，已经成为世界上最安全的国家之一。党的二十大报告指出，十年来，"共建共治共享的社会治理制度进一步健全……平安中国建设迈向更高水平"①。国家统计局调查显示，2020 年全国群众安全感为 98.4%，民众对社会治安满意度最高，达83.6%。美国民调机构盖洛普发布《2021 年全球法律与秩序报告》也显示，中国公众安全感高达 93 分，位列全球第二名。同时，党的二十大报告还明确提出，"必须坚定不移贯彻总体国家安全观"，"建设更高水平的平安中国，以新安全格局保障新发展格局"。② 这为未来加强国家安全工作、推进平安中国建设提供了根本指引。

　　社区安全是国家安全的基层基础，也是平安中国建设的基层基础。强化社区治理、维护社区安全是提升居民安全感的重要途径。党的二十大报告强调："统筹维护和塑造国家安全，夯实国家安全和社会稳定基层基础。"③ 维护乡村、社区的安全即为夯实"中国之治"的基层基础。这要求我们必须创新基层社会安全治理，构建共建共治共享的社会治理格局，吸引居民广泛参与，前置预防化解各类风险，夯实国家安全和社会稳定的根基。因此，在社区场域中，若要维护和实现社区安全，离不开社区安全治理各主体力量的共同在场、共同建设、协同治理，也就是

---

① 习近平. 高举中国特色社会主义伟大旗帜 为全面建设社会主义现代化国家而团结奋斗——在中国共产党第二十次全国代表大会上的报告［M］. 北京：人民出版社，2022.

② 习近平. 高举中国特色社会主义伟大旗帜 为全面建设社会主义现代化国家而团结奋斗——在中国共产党第二十次全国代表大会上的报告［M］. 北京：人民出版社，2022.

③ 习近平. 高举中国特色社会主义伟大旗帜 为全面建设社会主义现代化国家而团结奋斗——在中国共产党第二十次全国代表大会上的报告［M］. 北京：人民出版社，2022.

说，既需要基层党委、村/居委会、社区警察的导引、组织和维持，更需要社区居民的广泛参与、表达和支持，建构形成多元主体共同在场的社区安全维护共同体。而在这其中，社区居民通过社区参与也有利于深化对社区安全防护重要性的认知，提升自身的安全意识和防范技能，从而建构和提升个人的安全感。

总体国家安全观突出"大安全"理念，强调从系统性、整体性、多维度的视角来思考和把握国家安全问题，赋予了安全以多维度的含义。换言之，"安全"是多维度、全方位的安全，涉及国家、社会、群众生活的各个方面。然而，在当前一些社会安全领域，还存在一些"安全"短板，如民众对信息隐私安全和食品安全的感知还并不高，甚至出现下降。① 因此，在这样的背景下，本研究主要聚焦于：随着新时代经济社会的快速发展，我国民众的安全感知结构如何，具有什么样的特征以及受哪些因素的影响，这些变化又如何影响社区安全治理的实践场域。研究和回答这些问题具有重要的学术价值和现实意义，不仅可以让我们了解公众安全感的现状结构及其影响因素，而且对于进一步提升民众安全感、满足群众美好生活的需要具有重要的启示意义。

一、公众安全感的内涵和生成机制

（一）公众安全感的内涵界定

关于安全感的概念内涵，学术界从不同的学科视角进行了多种定义。较早对其进行界定的是心理学家马斯洛，他从心理学视角出发指

---

① 王俊秀，刘晓柳. 现状、变化和相互关系：安全感、获得感与幸福感及其提升路径 [J]. 江苏社会科学，2019，302（1）：41-49.

出，"安全感来源于个体的恐惧和焦虑，是一种从恐惧和焦虑中脱离出来的信心、安全和自由的感觉"①。还有学者认为，安全感是"通过客观语言、行为表现出来的主观心理感受"②，是"对可能出现的对身体或心理的危险或风险的预感，以及个体在应对处置时的有力或无力感，主要表现为确定感和可控制感"③。

沿袭安全感界定的心理学传统，学者们提出了安全感的犯罪心理学定义。如20世纪60年代，美国学者将其概括为"对社会治安犯罪的恐惧感"④。1976年，国外学者森丁（Sundeen）和马修（Mathieu）还将安全感定义为"那些正在成为被害的人的忧虑和关注的度"⑤。也有学者认为，安全感是"人们基于特定时期的社会治安状况，对公共安全、公共秩序及自身的人身、财产安全产生的信心、安全和自由"⑥。《法律心理学大词典》则进一步明确了安全感的两类定义：一是"个人或群体在摆脱危险处境、消除恐惧心理，身心不再受到威胁时所体验到的一种平安舒畅的感觉"；二是"人们对消除违法犯罪分子造成的恐怖情境之后的身心健康有保障、家庭财产不受侵犯的良好的社会气氛的感受"。⑦ 两个定义皆将安全感归结为一种处于危险或风险处境下的人的

①　MASLOW A H, HIRSH E, STEIN M, et al. A clinically derived test for measuring psychological security-insecurity [J]. The Journal of general psychology, 1945, 33 (1): 21-41.

②　林荫茂. 公众安全感及指标体系的建构 [J]. 社会科学, 2007, 323 (7): 61-68.

③　丛中, 安莉娟. 安全感量表的初步编制及信度、效度检验 [J]. 中国心理卫生杂志, 2004 (2): 97-99.

④　转引自王大为, 张潘仕. 关于安全感问题研究的综述与构想 [J]. 青少年犯罪研究, 1997 (5).

⑤　SUNDEEN R A, MATHIEU J T. The fear of crime and its consequences among elderly in three urban communities [J]. The Gerontologist, 1976, 16 (3): 211-219.

⑥　罗文进, 王小锋. 安全感概念界定、形成过程和改善途径 [J]. 江苏警官学院学报, 2004 (5): 5-9.

⑦　吴宗宪. 法律心理学大词典 [M]. 北京: 警官教育出版社, 1994: 8.

忧虑或害怕情绪。还有学者进一步将其解读为以下两层含义：其一，安全感是"个体的某种情绪反应以及相应的生理变化"；其二，是"个体对外在环境的综合心理反应"。① 与这两层含义相类似，公安部"公众安全感指标研究与评价"课题组在 1988 年和 1991 年开展的两次全国性的居民安全感调查中，将安全感界定为："公民对社会治安状况的主观感受和评价，是公民在一定时期内的社会生活中对人身、财产等合法权益受到侵害和保护程度的综合的心态反应。"②

此后，一些社会学学者从社会心态的视角提出了安全感的综合定义，从更为广义的角度进行表达，而不仅仅将安全感限定于生理和心理层面。例如，学者 Vail 认为安全感涉及个人、经济、社会、政治和环境等不同方面，包括健康、食物、住所、工作场所和社区等安全维度。③ 也有学者认为，公众安全感是一个多维度的概念，是"当期安全需要满足和安全信心培育符合安全预期的程度"，涉及财产、人身、交通、医疗、食品和劳动安全感等。④ 基于此种理念，龙莹和王健认为，"公众安全感是人们根据客观事物的认知以及生活情况的变化在心理上

---

① 杨墉栋，李琼. 风险情境中社会安全感与公共政策变迁——基于 X 市环境整治政策的调查分析 [J]. 江西师范大学学报（哲学社会科学版），2021，54（2）：103-112.
　　王娟. 公众安全感指标体系的构建与评价方法研究——以社会治安秩序为视角 [J]. 政法学刊，2009，26（5）：104-107.
② 公安部公共安全研究. 你感觉安全吗？——公众安全感基本理论及调查方法 [M]. 北京：群众出版社，1991：18-22.
③ VAIL J J. Insecure times：Conceptualising insecurity and security [M] // VAIL J, WHEELOCK J, HILL M（Eds.）. Insecure times：Living with insecurity in contemporary society. London：Routledge，1999：1-22.
④ 王俊秀. 面对风险：公众安全感研究 [J]. 社会，2008（4）：206-221.
　　VAIL J J. Insecure times：Conceptualising insecurity and security [M] // VAIL J, WHEELOCK J, HILL M（Eds.）. Insecure times：Living with insecurity in contemporary society. London：Routledge，1999：1-22.

产生的主观信任和满意度"，其涵盖经济、社会交际、环境和社会福利等不同的维度①。郑姗姗、王浦劬也认为，安全感"是公众对特定时期社会各领域安全治理绩效的心理感知与主体评价，是个体与整体、事实与认知、主观与客观辩证作用的综合反映"②，也是"当期安全能力和安全水平满足公众安全需要和安全预期的发展性评价"③。此外还有学者指出，社会安全感是"社会大众对一定时期内的社会系统能否保持良性运转和协调发展的主观感受，以及对自身合法权益受到侵害和保护程度的综合评价"④。

综上所述，心理学倾向于将安全感视为"个体的人格特质"，犯罪学则侧重于将安全感定义为"对犯罪的恐惧"，而社会学则强调安全感是"以集体焦虑和普遍的社会不安全感为标志的新的社会形态或风险社会"⑤。然而，不管是何种界定，均认为安全感是个体的主观感受或评价，并且在现代化社会，这种感受是针对社会不同领域的多维度的群体性感知或态度。基于此，本研究认为，社会安全感涵盖不同的结构维度，是群体对社会环境不同领域状况的主观安全感知。

（二）公众安全感的生成机制

安全感一直是哲学、心理学、社会学、犯罪学等学科研究的主题。不同学科对安全感的生成机制进行了不同的分析。

---

① 龙莹，王健．参加医疗保险对公众安全感的影响——基于 CGSS 2017 数据的实证分析［J］．福建农林大学学报（哲学社会科学版），2022，25（4）：71-80.
② 郑姗姗，王浦劬．公众安全感与政府信任的结构性相关关系实证研究［J］．中国行政管理，2022，447（9）：117-125.
③ 郑姗姗．公众安全感与地方政府信任的逻辑关联实证分析［J］．甘肃行政学院学报，2022，150（2）：13-20.
④ 姚本先，汪海彬．整合视角下安全感概念的探究［J］．江淮论坛，2011，249（5）：149-153.
⑤ 王俊秀．面对风险：公众安全感研究［J］．社会，2008（4）：206-221.

在心理学视角下，精神分析学者关注儿童期的经验对安全感形成的作用，那些先天不足或有生理缺陷的儿童更可能会表现出怯懦、没有安全感。① 人本主义心理学家则把安全当作人的基本需求，认为不安全感源于早期经验、自卑、社会竞争、地震和瘟疫等自然灾难以及失业、社会变迁等社会经济危机等。②

在犯罪学领域，犯罪学家提出了犯罪损耗评估的观点，以解释犯罪侵害对安全感的不利影响。该观点认为，犯罪的损耗不仅包括实物损失，还包括继发的犯罪恐惧。换言之，犯罪侵害不仅会造成生理与身体损害、经济损失，还会引发恐惧、抑郁、失眠、愤怒等消极的心理不安全感。③

从社会学的视角来看，公众安全感是实现社会良性运行和秩序的基础，也是社会团结和整合的心理或情感条件。公众安全感的缺失或不足，可能会导致社会焦躁、恐慌等不良社会情绪，④ 甚至出现社会治安、犯罪等社会问题。在一定意义上，社会安全感问题，是社会现代化转型的结果。英国社会学家吉登斯认为，"在前现代社会，宗教、传统文化、亲缘和地缘构成了人们最基本的社会安全感。"⑤ 但在后现代的个体化社会，人们在新的社会适应和整合的过程中，所面临的不确定性不断增长，所应对的各种风险不断增多，吉登斯将这种"不确定性"

---

① 高觉敷. 西方近代心理学史 [M]. 北京: 人民教育出版社, 1982: 391.

② CAMERON W B, MCCORMICK T C. Concepts of security and insecurity [J]. American journal of Sociology, 1954, 59（6）: 556-564.

③ 转引自王大为，张潘仕，王俊秀. 中国居民社会安全感调查 [J]. 统计研究, 2002（9）: 23-29.

④ 杨墉栋，李琼. 风险情境中社会安全感与公共政策变迁——基于 X 市环境整治政策的调查分析 [J]. 江西师范大学学报（哲学社会科学版）, 2021, 54（2）: 103-112.

⑤ 安东尼·吉登斯. 社会的构成 [M]. 李康，李猛，译. 北京: 中国人民大学出版社, 2016: 121.

概括为"个体的存在性焦虑"（Existential Anxiety），指涉个体的生存依赖于信任基础上的本体性安全，① 而德国社会学家贝克则将这种不确定性的社会形态称为"风险社会"。

已有实证研究还识别了公众安全感的不同影响因素。在社会保障方面，有学者发现，参加医疗保险显著影响居民的安全感，参加医疗保险的居民要比没有参加医疗保险的居民的安全感水平更高；② 那些接受了社会救助的居民的总体安全感也要高于没有接受社会救助的居民。③ 在社会公正方面，经历过不公正待遇对居民的社会安全感具有显著的负向效应，即那些有过不公正待遇经历的居民的社会安全感水平要比没有经历过的更低。④ 在网络社会环境下，有研究发现，经常浏览官媒信息的大学生的安全感要更高，而经常接触微信等自媒体信息的大学生的安全感则要更低。⑤ 还有学者研究了突发事件背景下公众安全感的影响因素，发现"群体应急心理行为、政府与媒体应对、危机事件和个体危机应急能力"是突发事件发生条件下公众安全感的显著影响因子；⑥ 也有学者发现，在公共安全事件中，"政府信任危机、信息不对称、公共安全事件频发和公众认知偏差"是导致公众心理安全缺失的主要因

① 安东尼·吉登斯. 现代性的后果［M］. 田禾，译. 南京：译林出版社，2000：30-132.

② 龙莹，王健. 参加医疗保险对公众安全感的影响——基于 CGSS 2017 数据的实证分析［J］. 福建农林大学学报（哲学社会科学版），2022，25（4）：71-80.

③ 路锦非. 社会救助中的民众获得感、幸福感、安全感研究——基于上海浦东新区的实证调查［J］. 社会科学辑刊，2022，260（3）：60-70.

④ 陈晓冰，张文宏. 不公正待遇对居民社会安全感的影响［J］. 社会发展研究，2022，9（2）：155-172.

⑤ 候为刚. 媒体使用与公众安全感研究［J］. 情报杂志，2022，41（5）：78-85.

⑥ 杨菁，杨梦婷. 重大突发事件中公众安全感的影响因素及治理对策研究——基于4·20雅安地震公众安全感的实证分析［J］. 探索，2016，187（1）：172-179.

素。① 此外，还有学者指出"个体安全容忍、风险认知、自然环境状况和社会发展质量"等共同塑造了人们的安全感知。② 还有学者提出了一个更为综合的观点，认为社会稳定、社会治安、生活环境等中观、宏观因素以及性别、受教育程度、身体状况、社会经济地位等个体因素是安全感的显著预测因素；③ 同时，民众的安全感还受"警务资源配置、大众媒体报道、自身安全技能水平"等非社会治安因素的影响。④

二、假设、数据与方法

（一）研究假设

公安机关是维护国家和社会安全稳定的专门力量，而警察也是维护社区安全的重要力量。警察通过组织社区居民开展邻里互助、群防群治，在社区安全防范和维护中发挥着重要的作用。基于警察角色在维护社区安全中的重要性考量，社区民众对警察的印象、信任，不仅影响其对警察信赖程度的感知，还可能会影响民众的安全感知。因此，本研究将警察信任作为自变量，分析民众对警察的信任程度与主观安全感之间的关系，并建立了本章的第一个假设。

研究假设 1：民众对警察的信任程度显著影响公众的安全感，即民众对警察的信任程度越高，公众安全感越强，反之亦然。

社会资本理论是解释社区团结、信任的重要理论范式。社区团结程

① 唐斌. 流失与重构：政府对公众心理安全感的满足——基于公共安全事件的思考 [J]. 江淮论坛，2010，241（3）：153-156.
② 林荫茂. 公众安全感及指标体系的建构 [J]. 社会科学，2007，323（7）：61-68.
③ 王俊秀. 面对风险：公众安全感研究 [J]. 社会，2008（4）：206-221.
④ 吴克昌，王珂. 城市公众安全感的影响因素研究——以海口市 M 区为例 [J]. 广州大学学报（社会科学版），2016，15（8）：24-30.

度本身作为社会资本的重要指标，为社区社会资本的凝结提供了条件。个体对安全的感知寓于所生活的社区中，社会资本的丰富程度可能会影响居民的社会安全感知。换言之，居民所生活社区的安全状况、社区的社会接纳水平、社区邻里的和睦和互动程度都会影响居民对社会安全维护工作的评价，从而影响其对社会安全的感知程度，因此，本研究将社区互助和社会接纳作为社区团结的重要方面。基于以上分析，我们得到研究假设 2：社区团结程度影响居民的社会安全感知。

研究假设 2：社区团结程度越高，公众的社会安全感越高。具体而言，社区互助关系越好，公众的社会接纳程度越高，则公众的社会安全感越强，即良好的社区互助关系和较高的社会接纳水平有助于增强公众的安全感知，反之亦然。

此外，社会资本理论视野下，社区参与越强，社区居民的交往网络越丰富，社区的凝聚力也就越高，居民则更可能拥有较高的主观安全感知，所以社区参与也可能会影响公众的社会安全感知。社区参与包括正式的社区政治参与（如参与社区选举投票）和非正式的社区公益性参与（如参与社区公益活动）。本研究同时考虑这两种社区参与形式，将其作为社区参与的测量维度。基于以上分析，本研究得到第三个假设：社区参与影响居民的安全感知水平。

研究假设 3：社区政治参与、社区公益性参与能够增强公众的安全感知。具体而言，居民参与村居委会投票选举、社区公益性活动的程度越高，公众的社会安全感会越强，反之亦然。

综上所言，本章从现有文献与相关理论出发，建立了上述三个假设来考察警察信任、社区团结、社区参与对公众安全感知的影响。

（二）数据来源与分析方法

本研究数据来源于 2021 年中国社会状况综合调查，该调查是由中国社会科学院社会学研究所主持开展的一项全国性大型连续性抽样调查项目，"目的是通过对全国公众的劳动就业、家庭及社会生活、社会态度等方面的长期纵贯调查，来获取转型时期中国社会变迁的数据资料，从而为社会科学研究和政府决策提供翔实而科学的基础信息。调查采用概率抽样的入户访问方式，在全国的 151 个县（区），604 个村（居）民委员会开展调查。每次调查全国样本量为一万余户家庭。继 2006、2008、2011、2013、2015、2017、2019 年的七期调查之后，2021 年实施第八期调查"①。

2021 年 CSS 调查范围涵盖全国 31 个省/自治区、151 个县（区）、604 个村（居）社区，调查对象主要为 18 周岁至 69 周岁的中国公民。调查问卷涉及住户成员情况、个人工作状况、家庭经济情况、生活状况、社会保障情况、社会信任和社会公平、社会价值观和社会评价、社会参与和政治参与、志愿服务等板块，特别是该年度的调查询问了受访者的社区参与状况以及社会信任、公共安全感水平等内容，为本研究的开展提供了良好的数据条件。2021 年调查的有效样本量为 10136 个，受访样本大，具有更广泛的代表性。在数据分析的过程中，本研究剔除了存在数据缺失的个案，仅保留数据完整的样本，最终纳入分析的样本为 6214。

本研究运用 Stata SE 15.0 统计软件进行数据分析，采用频次分析、T 检验、F 检验等描述性分析方法探讨不同特征群体在警察信任、公众安全感上的评价差别；采用多元线性回归分析方法，将控制变量、自变量先后纳入模型进行检验，探讨自变量与因变量的独立关系，即分析社区参与、社区团结、警察信任对中国民众社会安全感的影响。本研究所

---

① 参见 2021 年中国社会状况综合调查《调查手册》，第 4 页。

建立的多元线性回归模型为：

$$Y = \beta_0 + \beta_1 X_1 + \beta_2 X_2 + \beta_3 X_3 + \beta_4 X_4 + \beta_j X_j + e$$

其中，Y 为因变量，在本研究中即为公众安全感；X_j 代表影响公众安全感的自变量；β_j 代表回归系数，即自变量对因变量公众安全感的效应；e 为自变量对因变量影响后的随机误差。

（三）变量测量与样本描述

因变量。本研究的因变量为公众安全感，来源于 2021 年 CSS 抽样调查问卷中的一组调查问题。调查问卷中设置了"您觉得当前社会中以下方面的安全程度如何？"这一问题，要求受访者从 8 个维度对公众安全感进行评价，这 8 个维度包括个人和家庭财产安全、人身安全、交通安全、医疗安全、食品安全、劳动安全、个人信息、隐私安全、环境安全等。受访者分别对这 8 个维度进行评价，评价包括 4 个级别：很不安全（=1）、不太安全（=2）、比较安全（=3）、很安全（=4）。该量表的 Cronbach's α 为 0.857。本研究通过加总受访者对这 8 个维度的打分得到公众安全感知变量的总得分。最大值为 32，最小值为 8。

自变量。本研究的自变量为警察信任、社区团结和社区参与。关于警察信任，2021 年 CSS 调查问卷中设置了"请问，您信任下列机构吗?"这一问题，其中包括询问受访者对公安部门这一机构的信任程度。警察信任这一自变量主要根据问卷中的这一问题得到，受访者对该问题的回答共有四个选项，分别是很不信任、不太信任、比较信任、非常信任。对该变量进行重新编码：很不信任为 1、不太信任为 2、比较信任为 3、非常信任为 4。其中 1 为参照组，信任程度由 1~4 逐渐增强。

社区团结变量包括社区互助和社会接纳。其中，社区互助通过问卷中的两个问题进行测量。第一个问题是"遇到重要且紧急的困难时，您第一时间可以从下面哪类人或机构得到帮助?",其中一类为生活社区里的熟人,本研究即通过"遇到困难时,是否能第一时间从生活社区里的熟人得到帮助"这个问题作为社区互动测量维度之一。第二个问题是"您是否同意'在我需要的时候,我能得到村居委会的帮助'",即本研究通过"在需要的时候,是否能得到村居委会帮助"这一问题作为社区互动的另一个测量维度。这两个问题均包括两个回答选项,即是(=1)与否(=0)。此外,社会接纳利用一个多维量表进行测量,调查问卷中设置了"就您的个人信念来看,您是否能够接纳以下群体?"这一问题,主要询问了受访者对婚前同居者、同性恋、乞讨要饭者、刑满释放者、有不同宗教信仰者、艾滋病患者等6类群体的接纳程度,评价标准包括非常不能接纳(=1)、不太能接纳(=2)、比较能接纳(=3)、非常能接纳(=4)等四个维度。此量表的Cronbach's α 为0.699。本研究通过加总受访者的打分得到社会接纳变量的总得分,其最大值为24,最小值为6。

社区参与分为政治参与和公益活动参与。社区政治参与主要从居民投票选举参与这一角度进行分析,通过问卷中"最近一次社区居委会/村委会选举中,您投票了吗?"这一问卷进行测量,对这一问题的回答包括是(=1)与否(=0)两个选项。社区公益活动参与来源于问卷中"最近两年,您是否参与过下列事情?"这一问题,其中询问了受访者两年来是否"参加社区组织或者自发组织的社会公益活动,比如义务献血、义务清理环境,为老年人、残疾人、病人提供义务帮助等"。社区公益活动参与即根据受访者对这一事项的回答得到,答案包括是、否两个选项,其中"是"编码为1,"否"编码为0。

控制变量。人口学特征作为本研究的控制变量,分别为性别、年龄、民族、户籍以及受教育程度,其中性别、民族、户籍为虚拟变量,年龄为连续性变量，受教育程度为定序变量。因变量、自变量与控制变量的描述性统计详见表8-1。

表8-1 样本与变量描述

变量	频次/均值	频次百分比（%）/标准差	样本数
社区团结： 遇到困难时，是否能第一时间从生活社区里的熟人得到帮助：			
否	6156	99.07	
是	58	0.93	
在需要的时候，是否能得到村居委会帮助：			6214
否	1170	18.83	
是	5044	81.17	
社会接纳：	13.80	3.29	
社区参与： 是否在最近一次社区居委会/村委会选举中投票：			
否	3164	50.92	
是	3050	49.08	6214
是否参加社区组织或者自发组织的社会公益活动：			
否	5479	88.17	
是	735	11.83	
警察信任：			
很不信任	142	2.29	
不太信任	578	9.30	6214
比较信任	3146	50.63	
非常信任	2348	37.79	

变量	频次/均值	频次百分比 （%）/标准差	样本数
性别：			
男	2891	46.52	6214
女	3323	53.48	
年龄	44.47	14.32	6214
民族：			
汉族	5680	91.41	6214
少数民族	534	8.59	
户籍：			
农业户口	3882	62.47	6214
非农业户口	2332	37.53	
受教育程度：			
小学及以下	1443	23.22	
初中	1965	31.62	
高中/中专	1276	20.53	6214
大专	669	10.77	
本科及以上	861	13.86	

注：四舍五入可能导致数据相加不等于100%。

数据来源：中国社会状况综合调查CSS（2021）。

三、公众安全感的现状与群体异质性

（一）公众安全感总体状况

由上述可知，公众安全感量表由8个子维度构成，公众安全感得分也由这8个子问题加总得到，分值范围在8~32之间。本研究计算了公众安全感量表得分的平均值，为24.766，这说明民众的安全感评价总体较高。此外，2021 年 CSS 调查问卷中还要求受访者对总体的社会安全状况进行评价，本章计算了各个评价维度的分布情况，如图 8-1 所示。根据图 8-1，受访者选择最多的比较安全这一选项，占到 71.44%，其次为很安全，占到 23.7%；而选择不太安全和很不安全的受访者则占比较少，分别为 4.43% 和 0.43%。这与国内其他大型调查数据的结果是一致的。如根据中国综合社会调查 2015 年调查数据，在询问受访者"从治安角度考虑，您所在的社区安全不安全？"时，有 15.49% 的受访者回答"非常安全"，有 58.05% 的受访者回答"比较安全"，有 18.02% 的受访者回答"一般"，有 7.54% 的受访者回答"不太安全"，而仅有 0.90% 的受访者回答"非常不安全"。根据以上结果可知，受访者对社会安全状况的总体评价较高，居民的总体安全感较高。

图 8-1　公众对社会安全状况的总体评价

数据来源：中国社会状况综合调查 CSS（2021）。

图 8-2 进一步呈现了公众安全感量表 8 个子维度的选项回答分布。根据图 8-2，从受访者选择比较安全和很安全的比例来看，公众对人身安全这一子维度的评价最高，选择比较安全和很安全的合计比例达到 96.04%；其次为个人和家庭财产安全，选择比较安全和很安全的合计比例也达到 96.04%；再次为医疗安全，选择比较安全和很安全的合计

比例达到 90.17%。然而，公众对个人信息、隐私安全这一子维度的评价最低，选择很不安全和不太安全的合计比例达到 30.27%，即近三分之一的受访者认为个人信息和隐私处于不安全的状态。此外，民众对食品安全的评价也相对较低，合计有 23.54% 的受访者选择很不安全和不太安全，也就是说，有近四分之一的受访者对食品安全表示担忧。综合以上调查结果，民众对社会安全状况的评价较高，即民众具有较高的安全感水平。但是，个人信息、隐私安全和食品安全构成了民众社会安全评价的低点，有待提升。

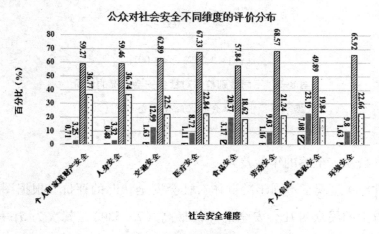

图 8-2　公众对社会安全不同子维度的评价

数据来源：中国社会状况综合调查 CSS（2021）。

（二）公众安全感的群体异质性

1. 公众安全感的性别差异

图 8-3 呈现了公众安全感的性别差异。从中可以发现，男性（24.93）公众安全感的平均得分要高于女性（24.624）。同时，T 检验

的结果也表明，男性与女性在公众安全感得分上的差异在统计上是显著的。因此，公众的社会安全感知因性别而异。

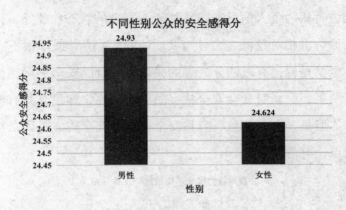

注：T=3.312；p<0.001。

图 8-3　不同性别群体对社会安全状况的评价

数据来源：中国社会状况综合调查 CSS（2021）。

2. 公众安全感的年龄差异

图 8-4 呈现了不同年龄群体对社会安全状况的评价。根据图 8-4，65 岁以上的民众对社会安全的评价最高（25.539），其次为 51—65 岁的民众（25.109），再次为 20 岁及以下的群体（24.82），而 21—35 岁民众对社会安全的评价最低（24.339）。从中可以总结出，老年人和年轻人对社会安全的评价较高，而中年人的评价则相对较低。此外，F 检验的结果也表明，不同年龄组群体在公众安全感得分上的差异具有统计显著性。因此，公众的社会安全感知因年龄而异。

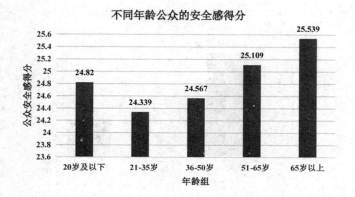

注：F=16.44；p<0.001。

图 8-4　不同年龄群体对社会安全状况的评价

数据来源：中国社会状况综合调查 CSS（2021）。

3. 公众安全感的户籍差异

图 8-5 展示了不同户籍群体公众安全感得分的情况。由图 8-5 可知，农业户籍的居民（25.011）的安全感得分要高于非农业户籍居民（24.358），农业户籍居民对社会安全的评价更高。T 检验的结果也显示，农业户籍居民与非农业户籍居民在公众安全感得分上的差异是显著的，即农业户籍的居民与非农业户籍的居民的公众安全感在统计学上存在显著的差异。

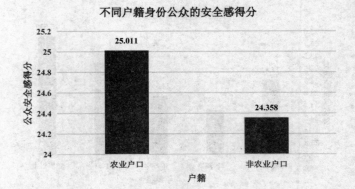

注：T=6.871；p<0.001。

图 8-5　不同户籍群体对社会安全状况的评价

数据来源：中国社会状况综合调查 CSS（2021）。

4. 公众安全感的民族差异

图 8-6 展现了不同民族居民对社会安全状况的评价。从中可以发现，少数民族居民（25.537）的安全感得分要明显高于汉族居民（24.693），即少数民族群体对社会安全的评价要更高。同时，T 检验的结果也显示，公众安全感的民族差异在 0.001 的水平下是显著的，即不同民族居民对社会安全的评价和感知存在显著的统计学差异。

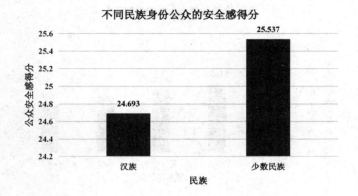

注：T=−5.128；p<0.001。

图 8−6　不同民族群体对社会安全状况的评价

数据来源：中国社会状况综合调查 CSS（2021）。

5. 公众安全感的教育梯度

图 8−7 展现了不同教育程度公众对社会安全状况的评价情况。根据图 8−7，随着受教育水平的由低到高，公众安全感得分在不断降低，呈现出公众安全感的教育梯度效应。也就是说，小学及以下的公众安全感得分最高（25.612），而本科及以上的公众安全感得分最低（24.16）。此外，根据 F 检验的结果，不同受教育程度的居民对社会安全的评价存在显著的统计学差异。因此，公众的安全感评价因受教育程度而异。

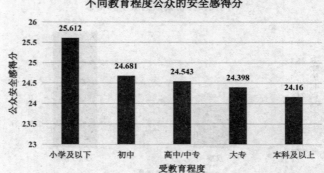

不同教育程度公众的安全感得分

注：F=29.10；p<0.001。

图8-7 不同教育程度群体对社会安全状况的评价

数据来源：中国社会状况综合调查CSS（2021）。

四、公众安全感的影响因素

为了分析民众警察信任、社区团结和社区参与对因变量公众安全感的影响，先后建立了三个多元线性回归模型，模型1仅纳入了性别、年龄、民族、户籍以及受教育程度等控制变量；模型2在模型1的基础上，纳入了个体层次的民众警察信任这一自变量，主要考察个体的警察信任对安全感的影响程度；模型3进一步纳入了社区团结和社区参与变量来探讨这两个变量对总体安全感的影响。

从模型拟合效果来看，从模型1到模型3，R2从0.028提升到0.172，说明随着自变量的纳入，模型的解释力不断增强。以模型3为例，因变量17.2%的变异由模型中的自变量所解释。同时，三个模型的F值都是显著的，说明模型整体拟合较好。模型分析具体结果详见表8-2。

表 8-2 公众总体安全感影响因素的多元线性回归分析结果

	模型 1		模型 2		模型 3	
	系数	标准误	系数	标准误	系数	标准误
性别（对照组：男性）	−0.354	0.092***	−0.383	0.086***	−0.361	0.0785***
年龄	0.012	0.003***	0.014	0.003***	0.013	0.003***
民族（对照组：汉民族）	0.739	0.163***	0.490	0.152***	0.488	0.151***
户籍（对照组：农业）	−0.387	0.103***	−0.179	0.096†	−0.144	0.097
受教育程度（对照组：小学及以下）						
初中	−0.810	0.129***	−0.458	0.121***	−0.494	0.120***
高中/中专	−0.834	0.151***	−0.509	0.141***	−0.556	0.140***
大专	−0.827	0.190***	−0.585	0.177***	−0.646	0.178***
本科及以上	−0.976	0.190***	−0.870	0.177***	−0.988	0.181***
警察信任（对照组：很不信任）						
不太信任			0.850	0.313**	0.805	0.311**
比较信任			2.187	0.287***	1.924	0.287***
非常信任			4.488	0.290***	4.157	0.290***
社区团结：						
遇到困难时，是否能第一时间从生活社区里的熟人处得到帮助（对照组：否）					0.110	0.438

	模型 1		模型 2		模型 3	
	系数	标准误	系数	标准误	系数	标准误
在需要的时候，是否能得到村居委会帮助（对照组：否）					0.910	0.110***
社会接纳					0.040	0.013**
社区参与：						
是否在最近一次社区居委会/村委会选举中投票（对照组：否）					0.297	0.091***
是否参加社区组织或者自发组织的社会公益活动（对照组：否）					-0.009	0.133
常数	25.162	0.352***	21.999	0.426***	20.857	0.475***
R2	0.028		0.160		0.172	
调整后的 R2	0.026		0.158		0.170	
F 值	22.04***		107.16***		80.39***	
样本量	6214		6214		6214	

注：†表示 $p<0.1$，*表示 $p<0.05$，**表示 $p<0.01$，***表示 $p<0.001$。
数据来源：中国社会状况综合调查 CSS（2021）。

模型 1 仅纳入了控制变量。根据模型 1 的结果，性别、年龄、民族、户籍、受教育程度对公众安全感的影响是显著的。具体而言，在 0.001 的显著性水平下，女性要比男性的公众安全感低 0.354 个单位；年龄每增长一岁，公众的安全感会提升 0.012 个单位；相对于汉族居民，少数民族居民的安全感要高出 0.739 个单位；与农业户籍民众相比，非农业户籍民众的安全感要低 0.387 个单位；在其他条件不变的情况下，初中学历的民众的安全感要比小学及以下学历的民众低 0.81 个单位，高中/中专学历的民众的安全感要比小学及以下学历的民众低 0.834 个单位，大专学历的民众的安全感要比小学及以下学历的民众低 0.827 个单位，本科及以上学历的民众的安全感要比小学及以下学历的民众低 0.976 个单位，即受教育程度越高，民众的安全感可能越低。

模型 2 在模型 1 的基础上，进一步纳入了警察信任变量。根据模型 2，性别、年龄、民族、受教育程度等控制变量对公众安全感的影响也是显著的。就警察信任这个自变量而言，其对公众安全感的影响是显著的。相对于对警察很不信任的民众，对警察不太信任的民众的安全感要高 0.85 个单位，对警察比较信任的民众的安全感要高 2.187 个单位，对警察非常信任的民众的安全感也要高 4.488 个单位，也就是说，对警察的信任程度越高，公众的安全感也越高。这支持研究假设 1。居民在社区安全事务的参与中，通过与警察在工作、情感或观点上的交流，对警察的工作性质、工作强度、工作条件与状况等有了更深入的认识，产生了认同与理解效应，增强了对警察的信任度，从而有利于提升民众的安全感知。

模型 3 进一步加入了社区团结和社区参与变量。由模型 3 可知，除户籍的影响不显著以外，性别、年龄、民族、受教育程度等控制变量对公众安全感的影响仍然是显著的。关于社区团结变量，还可以发现，"遇到困难时是否能第一时间从生活社区里的熟人处得到帮助"这一变量的影响并不显著，但是"在需要的时候是否能得到村居委会帮助"的影响是显著的，即相对于在需要的时候不能得到村居委会帮助的民众而言，能够得到村居委会帮助的民众的安全感要高 0.91 个单位。社会接纳对公众安全感的影响也是显著的，社区民众的社会接纳程度每增加一个单位，公众安全感的得分增加 0.04 个单位。这支持了研究假设 2。和谐的社区关系是社区团结的重要表现之一，在村居委会的带领之下，和睦社区关系的构建，更有助于社区情感的回归。同时，良好的社区关系，发挥着社区治安群防群治的凝聚功能，能够使社区居民守望互助，有利于增强社区居民的安全感，降低犯罪率。

就社区参与变量而言，"是否在最近一次社区居委会/村委会选举中投票"这一变量的影响是显著的，即在最近一次社区居委会/村委会选举中进行投票的民众的安全感要比没有进行投票的民众高 0.297 个单位。换言之，开展社区政治参与民众的安全感要更高。这在一定程度上支持研究假设 3。社区居民参与社区居委会选举活动等，有利于加强对社区事务的了解，增强社区信任，从而能够凝结社区共同意识，强化社区信任资本存量，有利于形成社区安全共同体。然而，"是否参加社区组织或者自发组织的社会公益活动"这一变量的影响并不显著，即本研究并未发现社区公益性活动参与对公众安全感的显著影响，有待后续研究进一步加以考察。

综上所述，本章基于中国社会状况综合调查 2021 年数据考察了警察信任、社区团结、社区参与对公众安全感的影响。主要的研究发现是：首先，描述性分析结果显示，中国居民的公众安全感较高，但个人信息、隐私安全和食品安全构成了民众社会安全评价的低点，或者说是公众安全感建构的弱项。其次，男性、农业户籍、少数民族民众的社会安全感知要分别高于女性、非农业户籍、汉族民众；老年人和年轻人对社会安全的评价较高，并且公众安全感具有教育梯度递减效应。再次，关于公众安全感的影响因素，性别、年龄、民族、受教育程度等变量对公众安全感具有显著的影响；警察信任对民众安全感知也具有显著的影响，对警察的信任程度越高，公众的安全感也越高。和睦的社区关系有利于增强民众的安全感，困难时村居委会的帮助和民众的社会接纳水平是公众安全感的显著预测因素，困难时得到村居委会的帮助的居民的安全感要更高，而居民的社会接纳程度越高，公众的安全感水平也会越高。社区政治参与也显著影响公众的社会安全感知，参与村居委会投票选举活动和公共事务能够显著增强居民的安全感，也就是说，社区居民通过参与社区公共事务、活动有利于提升其安全感知水平。

尽管本章对公众安全感的影响因素进行了一定程度的揭示，但是其中也存在着一些不足：一是变量的测量比较简单，只用了问卷中的一个问题指标测量一个抽象层次较高的变量，没有进行因子分析，进行提炼；二是尚有许多自变量没有考察到，如宏观的法治进程、犯罪率、社会信任以及微观的职业特征、法律意识和个体安全感等，后续的研究可以从这些方面深化公众安全感的研究。此外，由于样本量以及缺失值的处理等问题，在一定程度上影响了本研究模型建构的有效性和一致性，需要加以改进。

随着风险社会的到来，个体生活安排的不确定性不断增长，影响着公众的安全风险感知。我们可以从以下两个方面继续增强民众的社会安全感知：一方面，在社区治理过程中，必须改变以管理为主导的社区治理模式，切实把握社区群众安全需要的变化，根据不同群体的安全需求调整社区治理和服务的策略；另一方面，公众安全感的构建不仅需要社区、公安部门的努力，更需要民众的全方面参与，通过提升居民的社区参与水平，强化社区互助互动关系，形成社区安全共同体，从而促进公众安全感的持续普遍提升。

第九章 结论与政策建议

一、主要结论

通过对城市社区居民安全治理参与现状、影响因素及对警察信任、公众安全感影响的分析，我们可以得出如下结论：

首先，城市社区居民安全治理参与意愿相对较高，但存在着性别、年龄、户籍的差异，并且因受教育程度、职业类别、收入水平而异。社区认同对社区居民的安全治理参与意愿具有显著的影响，社区认同度越高，参与社区安全治理的意愿就越高。

其次，城市社区居民安全治理参与行为实践有所扩展，但存在着参与不足、不均衡的现实状况。尽管城市社区居民的安全治理参与意愿有所增强，参与主体的广度及深度、参与的形式与渠道、参与内容都有所扩展，但是总体上存在着安全治理参与实践不足与不均衡的问题。本研究的数据调查显示，社区居民安全治理参与不足的现状，在一定程度上制约着社区安全治理的水平，也影响着居民的生活质量。此外，社区居民安全治理参与存在着分化与不均衡的现象，不同类型的社区居民的参与程度存在着差异。其中，老年人参与的频度相对较高，老年人老有所为的精神以及有充足的空闲时间使他们更多地参与到社区安全治理工作中。社区组织（社区基层党组织、社区居委员、社区民间组织与社区物业公司等）中的领导，作为社区治安精英，一直在参与组织社区治安工作，起到带头模范的作用。

再次，城市社区居民安全治理参与行为受个体、社区和政策层面的影响。第一，就个体层面来看，社区居民安全治理参与受居民个体特征和居民社区归属感等因素的影响。通过对社区居民安全治理参与的影响因素分析发现，社区居民的年龄、社区居住年限、闲暇时间、受侵害经历、外来流动人口以及居民社区归属感等变量是居民社区安全治理参与的影响因素，这些个体因素影响社区居民的安全治理参与程度，也因为这些特征的不均衡分布影响了不同类型社区居民安全治理参与程度的差异。在这些因素中，年龄是天赋性的个人表征，是先天的；社区居住年限、有无侵害经历与居民的社区归属感代表居民在后天的社区生活中所形成的集体记忆与情感认同度，在一定程度上说明社区文化的影响作用。第二，就社区层面而言，社区参与制度、社区组织的领导者、社区关系网络与社区警察对居民参与社区安全治理的态度影响着社区居民的安全治理参与程度。社区参与制度的存在完善与否，决定居民参与渠道的畅通程度，关系到居民社区安全治理参与的制度化与法制化水平高低。社区组织的领导，特别是基层党组织、居委会等社区组织中的领导精英，在基层社区安全治理工作中扮演着非常重要的角色，起着引导、鼓励与组织居民参与社区安全治理工作的作用。社区关系网络的构建影响居民的参与积极性，社区关系包括强关系与弱关系的层次，是一种费孝通所说的差序格局的关系网络。社区关系网络越丰富，社区社会资本越雄厚，居民的社区参与水平就越高。社区警察对居民的安全治理参与所持的态度，也会影响居民的参与意愿，两者体现的是代表国家权力的警察治安权与代表社会权力的居民自治权之间的分配与博弈。第三，与社区相关的国家政策与制度以及社会重大活动也影响着居民的社区安全治理参与行为选择。户籍制度的一些约束效应会降低居民的社区安全治理参与的积极性，社区警务战略的有效实施与否也会影响居民的社区安全治理参与程度高低。另外，北京奥运会、北京冬奥会期间大量招募安保志愿者为居民的社区安全治理参与提供了机会，以北京奥运会、北京冬奥会为代表的社会重大活动对居民的安全治理参与水平的提高具有重要意义。

最后，关于社区参与行为和警察信任的关系，不同特征的中国民众对警察的信任程度存在差异性，不同性别、年龄组、户籍、受教育程度、婚姻状态、收入、区域的居民对警察的信任态度存在着显著差异。参与社区活动和公共事务能够增强居民对警察的信任，参与过社区公共活动的居民的警察信任程度更高。关于社区参与行为和公众安全感的关系，中国居民的公众安全感较高，但个人信息、隐私安全和食品安全构成了民众社会安全评价的短板。在社区安全场域，警察信任是民众安全感知的显著预测因素，对警察的信任程度越高，公众的安全感也越高；和睦社区关系有利于增强民众的安全感，困难时得到村/居委会帮助的居民的安全感要更高，而居民的社会接纳程度越高，公众的安全感水平也会越高；社区政治参与对公众的安全感知具有显著的影响，社区居民通过参与社区公共事务、活动有利于提升其安全感知水平。

二、政策建议

（一）社区安全共同利益确认

社区安全共同利益是居民参与社区安全治理的内在驱动力。随着现代社区的异质性增强，社区居民的社区安全利益需求变得多元化，利益的分化并不意味着共同利益的丧失，而是意味着安全需求方式的多样性与内容的层次性，需求越是分散于个体之间，越凸显安全共同利益存在的合理性。因而，作为公有物品的社区公共安全需求才是实现居民多元安全需求的均衡点，即满足社区居民安全需求的平均限度。

社区居民参与社区安全公共事务往往根据共同的利益需求，特别是在安全需求的基础上做出参与选择，如果社区居民对公共安全需求强烈，而个体又缺乏替代性和现实的满足手段，那么其满足个人安全需求的成本会加大，其对社区公共安全的依赖性会增强，其参与社区安全治理的愿望会增强，转化为实际参与行为的可能性也越大。社区安全共同利益的发现、确认与凝聚是居民参与社区安全的利益驱动，对居民参与行为具有根本性的影响。所以，要引导居民寻求社区安全共同利益，实现居民安全利益的社区化转变。

社区安全共同利益的确认，首先，加强宣传，增强居民对社区安全共同利益的认同。通过社区警察、社区居委会的宣传，居民认识到社区安全工作是作为与己息息相关的社区公共利益而存在的，要通过凝聚共识，不断提高居民对社区安全共同利益的认同程度，从而提高居民的安全治理参与程度。其次，实行奖励措施，树立榜样，对主动维护社区安全工作的优秀个人或优秀家庭进行奖励，这种方式可使居民认识到社区是一个整体，社区的安全关系到每一位居民的利益，参与社区安全工作是一种奉献与荣誉，这有利于调动社区居民安全治理参与的积极性。最后，社区安全共同利益的确认伴随着居民安全意识的觉醒，这是一个相互促进的过程。只有提高居民的安全意识，才能发现社区安全共同利益，才能引导居民的社区安全治理参与行为，共同维护社区安全。

（二）建立健全社区安全治理参与制度

在社会资本理论的论述中，规范作为社会资本的组成要素与制度具有相同的效力。埃莉诺·奥斯特罗姆（Elinor Ostrom）从广义上界定了规范，规范就是具体规定什么样的行动（或结果）是需要的和被禁止的，或者被允许和被授权制裁的（如果规则不被遵守的时候）。① 而在社区安全治理工作中，社区安全参与制度作为社区规范具有十分重要的作用，它涉及社区安全治理工作中权责利的再次分配和调整，起到引导居民参与的作用。社区安全治理参与规范明确居民、居委会等社区组织与社区警察的三方治安责任与义务，使广义上的社区治安权得到合理的配置，不仅为居民提供制度化参与渠道，也监督着警察作为社区安全负责人的工作。

社区制度规范包括正式的和非正式的两种，同时有自上而下与自下而上两种实现方式。社区警察在居委会的协同之下，与社区居民共同协商、共同确认和共同制定社区治安公约或规定而共同参与到维护社区安全治理的工作中。同时，社区居民可以在社区精英的带领下，以民主协商、自愿自主的方式制定维护门栋或者社区安全的非正式规范和约定。而在现阶段社区建设以国家推动的背景下，自上而下的安全治理参与制

---

① 埃莉诺·奥斯特罗姆. 公共事务的治理之道 ［M］. 余逊达，陈旭东，译. 上海：上海三联书店，2000：213.

度安排更是社区制度建设的重要路径选择，比居民自发的治安约定更显效率，更能提供社区安全治理参与的空间。因而，必须建立健全社区安全治理参与制度，以更有效引导居民有序参与社区安全治理工作，最终实现在制度范围内的自主参与。

社区安全治理参与制度的建立需要社区警察、居委会和居民三方的合作。正式的国家推行的安全治理参与制度要求社区警察与居委会积极引导居民在制度的框架下参与，社区居民通过提高参与意识与实践而实现合作。非正式的社区安全治理参与制度要求社区警察、居委会和社区居民以协商的方式建立，三方通过明确表达各自的立场、需要和利益，在权力和利益相互认可、妥协和博弈的基础上，在三方可接受的范围内达成共识，以具有一定约束力的条文形式在社区实行。另外，社区安全治理参与制度的健全是在居民参与实践的基础上对原有社区安全治理参与制度的完善，是社区警察、居委会和社区居民在利益变化的情况下做出的利益调整，同样需要三方的共同合作。

（三）培育居民社区认同感与归属感

在社会资本理论的视角下，认同或信任作为社会资本的重要指标，代表着一种互惠关系的存在，正如福山所言，信任指的是"在正式的、诚实和合作行为的共同体内，基于共享规范的期望"[①]。归属意识的生成或觉醒正是以信任与认同为基础，进而在交往中产生对人或对情境的依赖关系。

居民主动的社区安全治理参与除了利益驱动外，主要的就是对社区情感的追求和共同价值的认同，正是这种追求与认同使居民参与社区安

---

① 弗朗西斯·福山. 大分裂：人类本性与社会秩序的重建［M］. 刘榜离，译. 北京：中国社会科学出版社，2002：18-23.

全治理活动，并在交往中形成社区的认同感和归属感。社区认同感与归属感的培育，首先在于居民社区意识的培养，社区意识是社区居民对社区目标、价值理念、社区气质的一种共同认可，其表现为居民外在行为方式一定程度上的同质性。居民社区意识的具备，离不开社区价值的确立，离不开社区基础建设的完善，离不开社区公共物品的生产，离不开良好社区文化氛围的营造。社区认同感与归属感的培育，其次在于社区活动的广泛开展，社区居民只有在参与到社区活动中才有广泛交往的机会，才会增强彼此的信任，强化社区认同，凝聚社区归属感。从社区资源的意义上说，能够实现居民情感资源的挖掘与整合。

例如，所调查的社区 Y 的实践做法就值得借鉴和推广，社区 Y 的居民具有高度的认同感与归属感，居民参与社区安全治理的积极性很高，Y 社区的主要做法是：第一，社区民警长期认真负责工作所形成的社区影响力与魅力，吸引着社区居民凝聚在其周围以共建安全美好社区为目标，从而使整个社区居民具有共同的价值认同与社区共同意识。第二，Y 社区基于共同爱好建立了社区非正式组织，如剪纸协会、京剧协会、秧歌协会以及象棋协会等，通过这些社区非正式组织来加强社区成员彼此的情感交流，增强信任，逐步建立和强化对社区的归属与认同。

（四）发展社区关系网络

社区网络是社区社会资本的重要形式。社区关系网络包括正式的与非正式的关系网络，它是社区成员直接和间接的交往关系的总和。社区成员利用自身的资源，通过交往扩展关系网络，增强自身资源利用的范围和能力，从而形成相互联结的复杂关系网络。社区关系网络的构建对社区安全也具有重要的作用，丰富的社区关系网络，使居民参与社区安全治理、实现治安自治的愿望与动力增强，易于形成邻里守望、协同互助以共护社区安全的局面。

社区关系网络的构建以居民的主动参与为基础，同时会促进居民的参与。首先，开展多样化的社区活动，鼓励社区居民的主动积极参与，促进居民的邻里交往，加强与社区的紧密联结，特别是在参与社区安全治理活动中，居民通过共同的体验获得情感的相互支持以增进联系。其次，拓展信息交流渠道，通过信息交流方式的多样化来增强居民的相互沟通，彼此帮助，特别是以安全信息网络为基础来构建居民交往的网络关系。最后，发挥社区基层组织的联结作用，社区居民通过参与社区党组织、社区居委会和社区非正式组织等社区基层组织来获得关系支持，而这些社区基层组织不仅作为社区交往的平台而存在，而且能够消除社区交往的障碍，拓展社区关系支持网络。

（五）构建社区安全治理参与多元格局

党的二十大报告提出，"发展壮大群防群治力量，营造见义勇为社会氛围，建设人人有责、人人尽责、人人享有的社会治理共同体。"①根据这一要求，社区安全治理需要社区各主体共同参与、协同治理社区安全事务，社区居民、居委会、社区警察、社区基层政府和社区民间组织都是社区安全治理的基本单元，是一种社区治安群②，这些主体的参与是社区安全治理的力量基础。构建社区安全治理参与的多元格局需要在调整各方利益关系的基础上形成结构合理的社区安全治理参与体系。

在社区安全治理中，最主要的是规划各安全治理参与主体的参与权

---

①　习近平. 高举中国特色社会主义伟大旗帜 为全面建设社会主义现代化国家而团结奋斗——在中国共产党第二十次全国代表大会上的报告［M］. 北京：人民出版社，2022.

②　社区治安群：这一概念最早是由王均平教授提出的，是指社区内必须相互依赖的治安治理组织和个体之间为达成共同的治安目标而在知识、技术、资源等方面结成互补关系，并以此为基础形成的社区治安网络或治安共同体。

力、责任和利益，这是整合社区治安群和提高参与有效性的关键，从而在此基础上形成有效的社区安全治理参与机制。国内许多学者从国家与社会关系来回答这一问题，把国家与社会关系用在社区管理微观的视角，基于政府与社会的权力博弈，从而形成"小政府、大社会"以及"强政府、大社会"两种理想模式选择。这两种模式都强调发展社会力量参与社会治理，都强调社会公民权利的合法行使，只是对政府的角色定位上存在一定差异。

因而，基于权力的角度，本研究试图构建这样一种社区安全治理参与的图景：由于社区居委会、社区警察在社区安全维护中的不可替代性，发挥官方治安权的主导作用仍是现阶段中国基层社区安全治理中的必然选项。另外，以社区居民和社区民间组织为主的社会安全自治权的参与和扩展是新时代中国社区安全治理的民间基础，这可以分担官方治安力量的压力，在一定程度上化解社区安全服务供给的路径依赖。两者的汇流必将引起社区安全治理系统的结构性变化，开创社区安全治理的新局面。

三、研究不足

由于样本容量较小，在一定程度上降低了样本的代表性，形成一定水平的样本偏差，这是研究调查中存在的问题。调查选取的四个社区只是众多社区的典型缩影，笔者不奢望得出具有普适性的城市社区居民安全治理参与的规律，但希望通过对所选社区居民安全治理参与现状的了解总结，得出城市社区居民安全治理参与的一些发现。

另外，本研究对社区居民安全治理参与行为的影响因素只是就个人、社区和社会宏观层面的因素进行了探讨，对于街道办事处、城市管理体制等因素需要进行更加全面的考虑，这一点是本研究的不足之处，还需要后来的研究者加以研究。限于篇幅，对于本研究的政策建议部分只是从宏观上简述，后来的研究者亦可以在此基础上进行详细论述。

四、结语

本研究定位于微观层次的社区研究，以社区居民为研究对象，探讨他们的社区安全治理参与和社区安全的联结机制。尽管随着社会的流动性增强，社区异质化，社区已与滕尼斯笔下的"共同体"含义不同，但社区作为人们集体生活的场域，其维持居民的生命安全与生活安定的基本功能没有变，路不拾遗、治安良好的社区永远是人们共同的追求与愿望。社区意识的不断觉醒使人们认识到社区安全的维护是社区第一个成员的责任，只有每一个成员都参与到社区安全的维护工作中，社区安全的共同利益与意识才会被发现，于是人们选择实现社区安全共治作为创造安全社区的一条途径，因而众多创新性的社区安全治理模式如雨后春笋般涌现，体现着群众的无穷创造力，也丰富着基层社区治理实践样态。

居民自下而上的社区安全治理参与形式是多样的，但都需要自上而下的引导，最终致力于社区居民安全意识与习惯的形成，这是开展以及促进社区安全治理工作的根本所在。正如党的二十大报告所指出："在社会基层坚持和发展新时代'枫桥经验'，完善正确处理新形势下人民内部矛盾机制，加强和改进人民信访工作，畅通和规范群众诉求表达、利益协调、权益保障通道，完善网格化管理、精细化服务、信息化支撑的基层治理平台，健全城乡社区治理体系，及时把矛盾纠纷化解在基层、化解在萌芽状态。"① 这一论述进一步肯定了"枫桥经验"这样的基层安全治理创新实践模式，倡导开展基于本地特色的基层安全治理创新，从而引导和畅通群众的意见表达，有效化解基层纠纷和风险，这为新时代加强基层安全治理工作提供了根本指引。

---

① 习近平. 高举中国特色社会主义伟大旗帜 为全面建设社会主义现代化国家而团结奋斗——在中国共产党第二十次全国代表大会上的报告 ［M］. 北京：人民出版社，2022.

附录1 "城市居民社区安全治理参与状况"调查问卷

问卷编号：

亲爱的居民朋友：

您好！为了解社区安全治理状况，更好地维护社区安全。我们做了此项有关社区居民安全治理参与的调查。本次调查不用填写单位和姓名，回答不涉及对错。本调查依据《中华人民共和国统计法》严格保密。希望您根据实际情况真实回答，非常感谢您对我们此次调研的支持！

《城市社区居民社区安全治理参与状况》课题组

填答说明：请在符合自己情况的答案后打√，若无特殊说明每一个问题只有一个答案。

第一部分

A1. 您在您所居住的小区内，是否遭受过违法犯罪侵害？

（1）是　　　　　　　（2）否（请跳至 A4 题）

A2. 您在所居住的社区内，遭受过以下哪些违法犯罪侵害？（可多选）

（1）骚扰（2）纠纷（3）被打（4）偷盗（5）抢劫

（6）诈骗（7）性侵害（8）其他

A3. 当您受过侵害后，您还愿意主动参与社区发起的维护社区安全的工作吗？

（1）很愿意（2）比较愿意（3）无所谓

（4）不太愿意（5）不愿意

A4. 您认为，下面哪个年龄段的群体参与社区安全的次数更多？

（1）20岁以下（2）20—40岁（3）40—60岁（4）60岁以后

A5. 根据上一题，您认为，他们参与社区安全次数多的原因是什么？

（1）业余时间多（2）社区的组织领导（3）老有所为的精神

（4）无所事事（5）社区的归属感

（6）出于对以前美好社区的向往（7）其他

A6. 您认为，谁是维护社区安全的主要力量？（可多选）

（1）警察（2）治安联防/巡逻队（3）社区居委会

（4）保安（5）物业（6）社区成员

（7）街道办事处（8）其他

A7. 在您所居住的社区，社区是否组织过群众性的维护社区安全的工作或活动？

（1）是　　　　　（2）否

A8. 您是否参加过社区组织的维护社区安全的工作或活动？

（1）是　　　　　（2）否（请跳至A14题）

A9. 您参加过以下哪几种维护社区安全的组织？（可多选）

（1）治安保卫委员会（2）社区治安志愿者组织

（3）社区治安巡逻队 （4）邻里互助组

（5）治安联防队 （6）居委会 （7）门栋管委会

（8）消防安全组 （9）治安承包小组 （10）其他

A10. 您平均每月参加社区所组织的安全维护活动或工作的次数是多少？

（1）没有 （2）1—3次 （3）3—5次 （4）5—10次

（5）10—20次 （6）20—30次

A11. 在您参加的社区安全维护活动或工作中，主要从事什么工作？（可多选）

（1）社区巡逻 （2）调解居民纠纷 （3）社区服务

（4）协助警察工作 （5）社区信息收集 （6）社区护卫

（7）安全宣传 （8）社区帮教与矫正 （9）消防安全维护

（10）保护犯罪现场 （11）其他

A12. 您参与社区安全维护活动的主要原因是什么？

（1）为了个人和社区的安全 （2）警察的组织要求

（3）社区领导的号召 （4）自我荣誉感 （5）无所事事

（6）对社区的热爱 （7）社区参与制度的规定

（8）其他

A13. 您是通过什么方式参与维护社区安全的活动或工作的？

（1）社区组织方式 （2）个人主动自愿

（3）社区非正式组织的方式 （4）警察号召

（5）制度规定 （6）其他

A14. 您没有参加社区组织的维护安全的活动或工作的主要原因是什么？

（1）工作忙、没时间 （2）没有听说过这些活动

（3）非社区常住人员身份的限制 （4）社区居民之间不熟悉

（5）没有参加意愿 （6）其他

A15. 当您在所居住的社区遇到生活或家庭上的困难时，您首先会向谁寻求帮助？

（1）警察 （2）邻里和同社区居民 （3）亲戚 （4）同事

（5）生活中结交的朋友 （6）居委会 （7）同学 （8）其他

A16. 您愿意参与社区组织的维护社区安全的活动或工作吗？

（1）很愿意 （2）比较愿意 （3）无所谓 （4）不太愿意

（5）不愿意

A17. 您所在的社区有鼓励居民参与维护社区安全活动的相关制度吗？

（1）有 （2）没有

A18. 请根据句子与自我的符合情况，在右边的 5 个等级中选取答案（画"√"）。

序号	陈述项目	很不密切	不密切	一般	密切	很密切
1	和邻居（上下楼）的关系程度					
2	和社区其他居民的关系程度					
3	和社区居委会主任的关系程度					
4	和亲戚的来往关系程度					

A19. 请根据问题与自我的符合情况，在问题下面的 5 个等级中选取答案（画"√"）。

您是否对目前所居住的社区感到自豪?	您是否愿意长期居住在此社区?	您是否认同您所居住的社区是一个生活的好地方?	假如让您搬离现在居住的社区,您是否会感到不舍?	您是否愿意参与本社区的事务?(如社区治安)
非常自豪 比较自豪 不确定 不太自豪 很不自豪	很愿意 比较愿意 无所谓 不太愿意 不愿意	非常认同 比较认同 不确定 不太认同 很不认同	肯定会 可能会 无所谓 可能不会 不会	很愿意 比较愿意 无所谓 不太愿意 不愿意

A20. 您对提高居民的社区治安治理参与意愿有什么建议或看法?

_____

_____

_____

_____

_____

第二部分

B1. 性别:(1)男　　　　　　　(2)女

B2. 年龄:_____岁

B3. 婚姻状况:(1)未婚　　(2)已婚

　　　　　　　(3)离异　　(4)丧偶

B4. 您的受教育程度?

(1)没上过学 (2)小学 (3)初中

(4)高中或中专 (5)大专 (6)大学本科

(7)硕士及以上

B5. 您的政治面貌是?

（1）党员 （2）非党员

B6. 您现在的职业是?

（1）工人 （2）公务员 （3）事业单位人员

（4）公司职员 （5）商业人员 （6）学生

（7）自由职业者 （8）农民工人员

（9）离退休人员 （10）下岗人员 （11）其他

B7. 您的月收入状况是?

（1）1000 元以下 （2）1000—3000 元 （3）3000—5000 元

（4）5000—7000 元 （5）7000—10000 元

（6）10000—15000 元 （7）15000 元以上

B8. 您在此社区居住了_____年?

（1）1 年以下 （2）1—3 年 （3）3—5 年 （4）5—10 年

（5）10—20 年 （6）20—30 年 （7）30—50 年 （8）50 年以上

B9. 您的户籍是?

（1）本市 （2）外省

第三部分（警察卷）

C1. 您支持社区居民自治性的安全维护活动吗?

（1）非常支持 （2）支持 （3）不确定

（4）不支持 （5）非常不支持

C2. 您认为，社区居民这种自治性的安全维护工作，对社区治安的作用如何?

（1）非常大 （2）比较大 （3）一般

（4）作用不大 （5）没什么作用

C3. 您认为，社区居民这种自治性的安全维护工作，对社区警务的工作有帮助吗？

（1）帮助非常大 （2）帮助比较大 （3）一般

（4）帮助不大 （5）没什么帮助

C4. 您能对社区居民的这种自治性维护社区安全的工作或活动提供什么帮助？

（1）监督 （2）指导 （3）培训 （4）管理

（5）信息提供 （6）支援保障 （7）其他

附录 2　访谈提纲

1. 您的基本情况（包括年龄、婚姻状况、文化水平、职业、经济收入、社区居住年限和户籍）。

2. 社区安全治理参与情况。

3. 您受到违法侵害后，您还愿意参与维护社区安全工作吗？原因是什么？

4. 社区居住初期，您的社区安全治理参与程度低的原因是什么？

5. 为什么您的社区安全治理参与强度低或高？

6. 为什么您的社区安全治理参与频度比以前增加或减弱了？

7. 您如何提高自身的社区安全治理参与水平？

8. 您觉得您的户口对您的社区安全治理参与程度有影响吗？有怎样的影响？

9. 您觉得社区警务工作制度对您的社区安全治理参与有什么影响？

10. 2008 年北京奥运会、2022 年北京冬奥会时，您参与奥运会安保工作了吗？您觉得奥运会对您的社区安全治理参与有什么影响？

参考文献

一、中文文献

（一）中文著作

［1］陈伟东. 社区自治：自组织网络与制度设置［M］. 北京：中国社会科学出版社，2004.

［2］丁元竹. 社区研究的理论与方法［M］. 北京：北京大学出版社，1995.

［3］黄菊良. 国外境外城市治安管理［M］. 北京：中国人民公安大学出版社，2003.

［4］贾春增. 外国社会学史［M］. 北京：中国人民大学出版社，2003.

［5］娄成武. 社区管理［M］. 北京：高等教育出版社，2004.

［6］雷洁琼. 转型中的城市基层社区组织：北京市基层社区组织与社区发展研究［M］. 北京：北京大学出版社，2001.

[7] 孙秀林.中国都市社会脉动：上海调查（2017）［M］.北京：社会科学文献出版社，2018.

[8] 王大伟.欧美警察科学原理［M］.北京：中国人民公安大学出版社，2007.

[9] 王大伟，付有志.世界警察理论研究综述［M］.北京：群众出版社，1998.

[10] 王敬尧.参与式治理：中国社区建设实证研究［M］.北京：中国社会科学出版社，2006.

[11] 熊一新，李健和.治安管理学概论［M］.北京：中国人民公安大学出版社，2007.

[12] 徐永祥.社区发展论［M］.上海：华东理工大学出版社，2001.

[13] 袁方.社会研究方法教程［M］.北京：北京大学出版社，1997.

[14] 俞可平.治理与善治［M］.北京：社会科学文献出版社，2002.

[15] 杨善华，谢立中.西方社会学理论［M］.北京：北京大学出版社，2006.

[16] 郑杭生.中国社会发展研究报告2008——走向更讲创新的社会：社区建设与制度创新［M］.北京：中国人民大学出版社，2008.

[17] 郑杭生.社会学概论新修［M］.北京：中国人民大学出版社，2003.

[18] 中国大百科全书总编辑委员会.中国大百科全书（社会学卷）［M］.北京：中国大百科全书出版社，1991.

（二）中文译著

[1] 安东尼·吉登斯. 社会的构成 [M]. 李康, 李猛, 译. 北京: 中国人民大学出版社, 2016.

[2] 安东尼·吉登斯. 现代性的后果 [M]. 田禾, 译. 南京: 译林出版社, 2000.

[3] [美] 埃莉诺·奥斯特罗姆. 公共事务的治理之道 [M]. 余逊达, 陈旭东, 译. 上海: 上海三联书店, 2000.

[4] 艾莉森·韦克菲尔德. 社会发展与警务变革公共领域的社会化警务 [M]. 郭太生, 译. 北京: 中国人民公安大学出版社, 2009.

[5] 爱德华·罗斯. 社会控制论 [M]. 秦志勇, 毛永政, 译. 北京: 华夏出版社, 1989.

[6] 格奥尔格·席美尔. 货币哲学 [M]. 朱桂琴, 译. 北京: 光明日报出版社, 2009.

[7] 肯尼思·皮克. 社区治安与犯罪问题的解决 [M]. 闫月梅, 李晖, 庄芮, 等, 译. 北京: 中国社会出版社, 2004.

[8] 弗兰克·利什曼, 巴里·洛夫迪, 斯蒂芬·P. 萨维齐. 警务工作之核心问题 [M]. 吴开清, 译. 北京: 群众出版社, 2000.

[9] 弗朗西斯·福山. 大分裂: 人类本性与社会秩序的重建 [M]. 刘榜离, 译. 北京: 中国社会科学出版社, 2002.

[10] 弗朗西斯·福山. 信任: 社会道德与繁荣的创造 [M]. 李婉容, 译. 呼和浩特: 远方出版社, 1998.

[11] 皮埃尔·布迪厄, 华康德. 实践与反思: 反思社会学导引 [M]. 李猛, 李康, 译. 北京: 中央编译出版社, 1998.

[12] 乔治·布莱尔. 社区权力与公民参与 [M]. 伊佩庄, 张雅

竹，译．北京：中国社会出版社，2003.

[13] 尼克拉斯·卢曼．信任：一个社会复杂性的简化机制 [M]．瞿铁鹏，李强，译．上海：上海世纪出版集团，2005.

（三）中文期刊论文

[1] 边防，吕斌．转型期中国城市多元参与式社区治理模式研究 [J]．城市规划，2019，43（11）.

[2] 边慧敏，陈家建，马双．社区居民公共事务参与意愿与成因研究——以中国家庭金融调查与研究中心的数据为例 [J]．中国机构改革与管理，2016（11）.

[3] 白维军，王邹恒瑞．寻求社区治理的包容性空间 [J]．中国高校社会科学，2021（4）.

[4] 陈朋．青年务工人员社区参与意愿及影响因素分析 [J]．宁夏社会科学，2015（4）.

[5] 陈伟东，李雪萍．社区治理主体：利益相关者 [J]．当代世界与社会主义，2004（2）.

[6] 陈晓冰，张文宏．不公正待遇对居民社会安全感的影响 [J]．社会发展研究，2022，9（2）.

[7] 陈友华，夏梦凡．社区治理现代化：概念、问题与路径选择 [J]．学习与探索，2020（6）.

[8] 程金生，周茜蓉．论社会治安善治 [J]．广东教育学院学报，2009，29（6）.

[9] 丛中，安莉娟．安全感量表的初步编制及信度、效度检验 [J]．中国心理卫生杂志，2004（2）.

[10] 陈剩勇，徐珣．参与式治理：社会管理创新的一种可行性路

径——基于杭州社区管理与服务创新经验的研究［J］．浙江社会科学，2013（2）．

［11］崔向前．论新时代治安行政权社会化之边界［J］．云南行政学院学报，2018，20（5）．

［12］段成荣，杨舸，张斐，等．改革开放以来我国流动人口变动的九大趋势［J］．人口研究，2008（6）．

［13］丁晶晶．试论现阶段我国中产阶层的社区参与［J］．华东理工大学学报（社会科学版），2010，25（1）．

［14］邓蕾．社区治理中青年的认知、行动及影响因素——基于上海的调查［J］．中国青年社会科学，2015，34（5）．

［15］邓雅丹，葛道顺．社会心理视角下的社区参与［J］．甘肃社会科学，2020（3）．

［16］冯玲，李志远．中国城市社区治理结构变迁的过程分析——基于资源配置视角［J］．人文杂志，2003（1）．

［17］付振．城市社区治理中的居民参与意愿研究——以山东省济南市沃家社区为例［J］．安徽行政学院学报，2015，6（5）．

［18］顾丽梅．解读西方的公民参与理论——兼论我国城市政府治理中公民参与新范式的建构［J］．南京社会科学，2006（3）．

［19］郭夏娟．性别与城市社区安全："低阶政治"视域中的女性参与［J］．妇女研究论丛，2011（3）．

［20］格里·斯托克．作为理论的治理：五个论点［J］．国际社会科学（中文版），1999（2）．

［21］何海兵．我国城市基层社会管理体制的变迁：从单位制、街居制到社区制［J］．管理世界，2003（6）．

［22］何亦新．城市治保会的现状分析［J］．湖南公安高等专科学

校学报，2000（2）．

[23] 何军．危机与重构：风险社会视角下警民信任研究［J］．中国人民公安大学学报（社会科学版），2013（4）．

[24] 何雪松，侯秋宇．城市社区的居民参与：一个本土的阶梯模型［J］．华东师范大学学报（哲学社会科学版），2019，51（5）．

[25] 侯为刚．媒体使用与公众安全感研究［J］．情报杂志，2022，41（5）．

[26] 胡建刚．公共经济学视野下的治安服务多元化［J］．中国人民公安大学学报（社会科学版），2009（5）．

[27] 胡荣．中国人的政治效能感、政治参与和警察信任［J］．社会学研究，2015（1）．

[28] 黄鹏，汪冬冬．警察信任状况分析研究与建设建议［J］．天津法学，2016（1）．

[29] 黄荣贵，骆天珏，桂勇．互联网对社会资本的影响：一项基于上网活动的实证研究［J］．江海学刊，2013（1）．

[30] 黄琳．青年的社区参与现状、特点及对策分析——广州市华乐街的调查［J］．广东青年干部学院学报，2007（2）．

[31] 黄晓燕，刘祯妍．需求关联与重点赋权：居民社区参与的撬动点——以天津市 L 垃圾分类项目为例［J］．社会福利（理论版），2020（2）．

[32] 黄晴，徐雅静．社区安全感知与居民幸福感研究［J］．山东社会科学，2021（6）．

[33] 惠生武，耿巍．我国社会警务组织的性质与类型研究［J］．山东警察学院学报，2014，26（4）．

[34] 金茜，李志强．城市开放社区安全治理的理论体系与现实路

径［J］.北京工业大学学报（社会科学版），2021，21（4）.

［35］金自宁."治安承包"现象——探讨公法与私法融合的一种可能性［J］.法商研究，2007（5）.

［36］焦俊峰，论治安治理理念及其实现途径［J］.中国人民公安大学学报（社会科学版），2010，25（1）.

［37］姬艳涛，李宥成.新时代"枫桥式"基层治安治理模式探究——基于序次 Logistic 回归模型的实证分析［J］.河北法学，2020，38（3）.

［38］康大民.人民治安刍议［J］.中国人民公安大学学报（社会科学版），2005（5）.

［39］李丁.社区参与的层次性与累积发展——以北京回天地区为例［J］.社会建设，2021，8（3）.

［40］李峰.户籍、同期群及其对警察信任度的影响：基于上海数据的分析［J］.社会学评论，2013，1（6）.

［41］李慧凤.社区治理与社会管理体制创新——基于宁波市社区案例研究［J］.公共管理学报，2010，7（1）.

［42］李黎明，王惠.社会资本、制度供给与居民社区参与［J］.西安交通大学学报（社会科学版），2016，36（6）.

［43］李建明，李建强.论引导公众有序参与城镇治安的方式方法［J］.公安教育，2006（8）.

［44］李路路.社会结构阶层化和利益关系市场化——中国社会管理面临的新挑战［J］.社会学研究，2012，27（2）.

［45］李涛，王海斌，宋玉营.党建引领公民参与城市社区治理问题研究——W 社区"小社区+大党委"治理模式的启示［J］.广西社会科学，2020（4）.

[46] 李翌萱. 城市居民社区参与的内容分化与组织优化——基于 L 市 B 社区和 Q 社区的案例比较分析 [J]. 城市问题，2020 (7).

[47] 李宗华，李伟峰，高功敬. 城市老年人社区参与意愿的影响因素分析 [J]. 山东社会科学，2011 (3).

[48] 李佑静. 新生代农民工社区参与及其影响因素研究——基于重庆市农民工的调查 [J]. 重庆理工大学学报（社会科学），2018，32 (12).

[49] 刘金龙，李小波. 简论治安权力 [J]. 中国人民公安大学学报（社会科学版），2014，30 (5).

[50] 刘知音. 论"三权"管理与治保会工作 [J]. 江西公安高等专科学校学报，2003 (5).

[51] 李欣欣. 新生代社会建设参与的类型与特征 [J]. 重庆社会科学，2012 (2).

[52] 林荫茂. 公众安全感及指标体系的建构 [J]. 社会科学，2007，323 (7).

[53] 刘晋飞. 新生代农民工社区参与意愿的影响因素分析 [J]. 广东行政学院学报，2013，25 (6).

[54] 刘学伟. 基于公共治理的社区治安产品供给机制创新研究 [J]. 新疆大学学报（哲学·人文社会科学版），2012，40 (3).

[55] 刘少杰，聂石重. 社区参与不足的结构分析与空间考察 [J]. 河北学刊，2020，40 (4).

[56] 龙莹，王健. 参加医疗保险对公众安全感的影响——基于 CGSS 2017 数据的实证分析 [J]. 福建农林大学学报（哲学社会科学版），2022，25 (4).

[57] 卢国显. 农民工治安参与的实证研究 [J]. 中国人民公安大

学学报（社会科学版），2008（5）.

[58] 路锦非. 社会救助中的民众获得感、幸福感、安全感研究——基于上海浦东新区的实证调查 [J]. 社会科学辑刊，2022，260（3）.

[59] 罗文进，王小锋. 安全感概念界定、形成过程和改善途径 [J]. 江苏警官学院学报，2004（5）.

[60] 蓝宇蕴. 论自主性的"治安社区"建设 [J]. 社会工作与管理，2014，14（3）.

[61] 闵剑. 市场经济条件下单位内部治安保卫的新构想——评《企业事业单位内部治安保卫条例》[J]. 上海公安高等专科学校学报，2006（1）.

[62] 马卫红，黄沁蕾，桂勇. 上海市居民社区参与意愿影响因素分析 [J]. 社会，2000（6）.

[63] 彭大松，苗国. 家庭化流动背景下非户籍人口的社区参与研究——基于广义分层线性模型的分析 [J]. 人口与发展，2020，26（5）.

[64] 彭小兵，廖建娥. 双重嵌入：草根组织参与社区治理的行动逻辑——基于重庆市 N 社区的实践 [J]. 社会工作，2021（1）.

[65] 蒲新微. 群众参与社区治理的制度化建设：问题与路径 [J]. 江海学刊，2020（3）.

[66] 蒲新微，衡元元. 还权、赋能、归位：群众制度化参与社区治理之路 [J]. 南京社会科学，2021（2）.

[67] 任克强. 社会治理视域下城市社区居民的形式参与：逻辑、困境及其出路 [J]. 南京政治学院学报，2018，34（5）.

[68] 秦祥瑞，沈毅. 垃圾分类试点的社区参与分化与政府主导定

位——基于 BN 市的实证分析 [J]．学海，2020 (6)．

[69] 孙锋，王峰．城市社区治理能力：分析框架与产生过程 [J]．中国行政管理，2019 (2)．

[70] 盛虎．加强治安志愿者队伍建设的思考 [J]．求实，2004 (6)．

[71] 谌卉珺，蒋琳．社区认同与社区参与：邻里空间的再造 [J]．行政科学论坛，2018 (11)．

[72] 唐斌．流失与重构：政府对公众心理安全感的满足——基于公共安全事件的思考 [J]．江淮论坛，2010，241 (3)．

[73] 田北海，王连生．城乡居民社区参与的障碍因素与实现路径 [J]．学习与实践，2017 (12)．

[74] 田舒．社会交换视角下的社区参与：特征及机制分析 [J]．中南大学学报（社会科学版），2018，24 (5)．

[75] 涂晓芳，汪双凤．社会资本视域下的社区居民参与研究 [J]．政治学研究，2008 (3)．

[76] 佟瑞鹏，翟存利．社区安全氛围与居民参与、归属感的关系研究 [J]．中国安全科学学报，2018，28 (5)．

[77] 谈小燕．以社区为本的参与式治理：制度主义视角下的城市基层治理创新 [J]．新视野，2020 (3)．

[78] 滕五晓，陈磊，万蓓蕾．社区安全治理模式研究——基于上海社区风险评估实践的探索 [J]．马克思主义与现实，2014 (6)．

[79] 王娟．公众安全感指标体系的构建与评价方法研究——以社会治安秩序为视角 [J]．政法学刊，2009，26 (5)．

[80] 王均平．社区治安群论 [J]．公安大学学报，2002 (2)．

[81] 王大为，张潘仕，王俊秀．中国居民社会安全感调查 [J]．

统计研究，2002（9）.

［82］王俊秀. 面对风险：公众安全感研究［J］. 社会，2008（4）.

［83］王俊秀，刘晓柳. 现状、变化和相互关系：安全感、获得感与幸福感及其提升路径［J］. 江苏社会科学，2019，302（1）.

［84］王淑萍. 警民信任危机成因分析——基于"期望差异"理论［J］. 中国人民公安大学学报（社会科学版），2010，26（6）.

［85］王苏醒. 公众参与视域下的警民互动研究——以公安微博为例［J］. 北京警察学院学报，2013（5）.

［86］王苏醒. 浅析如何推动社区警务中的社区参与［J］. 江西公安高等专科学校学报，2008（2）.

［87］王小章，冯婷. 城市居民的社区参与意愿——对 H 市的一项问卷调查分析［J］. 浙江社会科学，2004（4）.

［88］王世卿，杨叶锋. 枫桥经验：历史、价值与警务模式创新实践［J］. 中国人民公安大学学报（社会科学版），2018，34（6）.

［89］王庆锋. 新时代枫桥警务模式及其测度体系［J］. 中国人民公安大学学报（社会科学版），2018，34（6）.

［90］王诗宗，罗凤鹏. 基层政策动员：推动社区居民参与的可能路径［J］. 南京社会科学，2020（4）.

［91］王巍. 国家、社会互动结构中的社区治理——一个描述性案例研究［J］. 武汉大学学报（哲学社会科学版），2008（2）.

［92］汪鸿波，费梅苹. 城市青年职业群体参与社区治理的身份困境与再造——基于上海楼宇社区治理的考察［J］. 学习论坛，2019（8）.

［93］吴克昌，王珂. 城市公众安全感的影响因素研究——以海口

市 M 区为例 [J]. 广州大学学报（社会科学版），2016，15（8）.

[94] 吴锦良. "枫桥经验"演进与基层治理创新 [J]. 浙江社会科学，2010（7）.

[95] 吴光芸，杨龙. 社会资本视角下的社区治理 [J]. 城市发展研究，2006（4）.

[96] 吴同，邓洋洋. 从个体到主体：青年社区参与的可能与实现路径——以上海 B 区青年社区参与行动干预为例 [J]. 青年学报，2020（1）.

[97] 翁里，刘献明，刘萍. "枫桥经验"与社区化治安管理 [J]. 浙江公安高等专科学校学报，2004（3）.

[98] 魏娜. 我国城市社区治理模式：发展演变与制度创新 [J]. 中国人民大学学报，2003（1）.

[99] 许加明. 基于 Logistic 回归分析的城市居民社区参与意愿影响因素分析 [J]. 统计与管理，2018（8）.

[100] 许加明，曹殷杰. 淮安市城市老年人社区参与现状及影响因素 [J]. 中国老年学杂志，2018，38（22）.

[101] 徐林，杨帆. 社区参与的分层检视——基于主体意愿与能力的二维视角 [J]. 北京行政学院学报，2016（6）.

[102] 徐林，徐畅. 公民性缺失抑或制度供给不足？——对我国社区参与困境的微观解读 [J]. 苏州大学学报（哲学社会科学版），2018，39（2）.

[103] 肖林. "'社区'研究"与"社区研究"——近年来我国城市社区研究述评 [J]. 社会学研究，2011，26（4）.

[104] 谢桂华，王小榕. 城市化进程中的社区社会关系转变 [J]. 社会学评论，2021，9（3）.

［105］谢立黎，陈民强．个人—环境匹配视角下城市老年人参与社区治理的影响因素——基于北京市的调查［J］．人口研究，2020，44（3）．

［106］熊一新．论社会治安防控体系建设［J］．中国人民公安大学学报，2004（4）．

［107］熊一新．关于社区警务理事会若干问题探讨［J］．中国人民公安大学学报（社会科学版），2006（5）．

［108］熊一新，周舜．论社会治安防控体系的概念、属性及结构模式［J］．中国人民公安大学学报，2004（6）．

［109］姚本先，汪海彬．整合视角下安全感概念的探究［J］．江淮论坛，2011，249（5）．

［110］袁方．多中心治理下城市边缘社区治安管理模式探析——基于北京市 B 村的调查［J］．中州学刊，2011（3）．

［111］袁振龙，袁正加．社会治安社会参与的类型及其动力机制初探［J］．江西公安专科学校学报，2008（2）．

［112］袁振龙．社区参与和社区治安——从社会资本理论视角出发的实证研究［J］．中国人民公安大学学报（社会科学版），2009（4）．

［113］袁振龙．社区安全治理格局与应急管理思路探索［J］．华南理工大学学报（社会科学版），2016，18（6）．

［114］杨宝，李津．社区社会组织、邻里交往与公共事务参与——基于 CGSS2012 的实证分析［J］．学习论坛，2019（4）．

［115］杨建科，张骏，王琦．公共空间视角下的城市社区公共性建构［J］．城市发展研究，2020，27（9）．

［116］杨菁，杨梦婷．重大突发事件中公众安全感的影响因素及

治理对策研究——基于 4·20 雅安地震公众安全感的实证分析 [J].
探索，2016，187（1）.

[117] 杨敏.作为国家治理单元的社区——对城市社区建设运动
过程中居民社区参与和社区认知的个案研究 [J].社会学研究，2007
（4）.

[118] 杨墉栋，李琼.风险情境中社会安全感与公共政策变迁
——基于 X 市环境整治政策的调查分析 [J].江西师范大学学报（哲
学社会科学版），2021，54（2）.

[119] 袁浩，谢可心，王体基.城市居民的互联网行为对城市居
民社区参与的影响 [J].城市问题，2019（4）.

[120] 颜玉凡，叶南客.认同与参与——城市居民的社区公共文
化生活逻辑研究 [J].社会学研究，2019，34（2）.

[121] 左袖阳.治安志愿者法律关系模式研究 [J].中国人民公
安大学学报（社会科学版），2009，25（3）.

[122] 展万程.农民治安意识与农村治安社会化参与——对浙江
省农民治安意识的调查分析与思考 [J].中国人民公安大学学报（社
会科学版），2009（4）.

[123] 章昌志.内保体制改革与创新——单位负责与公安监督
[J].北京人民警察学院学报，2006（1）.

[124] 卓文昊，曹现强.社区参与式治理影响因素的模式构建
[J].行政论坛，2020，27（6）.

[125] 周延东.嵌入联结领域：后单位社区安全治理的新框架
[J].公安学研究，2018，1（2）.

[126] 张娜.欠发达中小城市老年人社区参与影响因素分析——
基于开封市的调查 [J].社会保障研究，2015（2）.

[127] 张淑平,陈玉友.论我国当前群防群治工作 [J].湖北警官学院学报,2008 (2).

[128] 张洪波.警察权的私法转向 [J].中国人民公安大学学报,2008 (5).

[129] 张菊枝.社区功能视角下的社区参与 [J].郑州航空工业管理学院学报 (社会科学版),2010,29 (5).

[130] 张洪武.社区治安中的多中心秩序与制度设计 [J].北京人民警察学院学报,2006 (4).

[131] 张君周.多元文化下的澳洲社区警务 [J].山西警官高等专科学校学报,2004 (2).

[132] 张平,周东禹.城市居民参与社区民主选举:何以可能与何以可为 [J].学术交流,2019 (7).

[133] 张平,吴子靖,李卓谦.城市社区居民自治参与样态与引导策略研究 [J].辽宁大学学报 (哲学社会科学版),2018,46 (4).

[134] 张雪霖.城市社区邻里关系性质研究 [J].经济社会体制比较,2020 (6).

[135] 张静波,周亚权.乡村治理视角下的北京农村社区类型与社区参与 [J].新视野,2018 (6).

[136] 张志宏,张璇.农业转移人口参与社区治理的意愿及其影响因素——以四川省成都市为例 [J].城市发展研究,2016,23 (10).

[137] 张洋阳.流动党员社区参与及其行为选择差异性研究——基于多元回归模型的分析 [J].江汉学术,2020,39 (2).

[138] 宋煜萍,施瑶瑶.社区赋权会推动社区治理效能的提升吗?——基于苏州市3个社区的实证考察 [J].新疆社会科学,2021

(2).

[139] 郑杭生. 中国特色社区建设与社会建设——一种社会学的分析 [J]. 中南民族大学学报（人文社会科学版），2008，28（6）.

[140] 郑姗姗. 参与式社区治理的实践路径与建构机制——基于互动仪式理论的多案例研究 [J]. 中国地质大学学报（社会科学版），2021，21（2）.

[141] 郑姗姗. 公众安全感与地方政府信任的逻辑关联实证分析 [J]. 甘肃行政学院学报，2022，150（2）.

[142] 郑姗姗，王浦劬. 公众安全感与政府信任的结构性相关关系实证研究 [J]. 中国行政管理，2022，447（9）.

[143] 赵凌云. 社区参与：意识与行动——以上海市 G 街道居民的调查为基础 [J]. 青年学报，2015（1）.

[144] 赵芸，张紫翌，姚佳瑶，等. 社交平台自治组织的治安功能及其治理模式 [J]. 贵州警察学院学报，2020，32（2）.

（四）中文学位论文

[1] 卞冬梅. 金融危机背景下返乡农民工的再就业行为研究 [D]. 长沙：中南大学，2009.

[2] 樊宏波. 对经济社会快速发展地区社会治安综合治理的研究——以鄂尔多斯市为例 [D]. 呼和浩特：内蒙古大学，2010.

[3] 李荣誉. 城市社区凝聚力对居民治安参与影响的实证研究 [D]. 北京：中国人民公安大学，2019.

[4] 孙柏霖. 城市社区居民治安参与实证研究 [D]. 北京：中国人民公安大学，2018.

[5] 宋文辉. 城市社区文化建设中居民参与意愿研究 [D]. 苏

州：苏州大学，2013.

［6］武强.城市居民参与社区治理问题研究［D］.济南：山东大学，2020.

二、英文文献

［1］ALLOTER P，REIDPATH D D，DEVARAJAN N，et al. Cohorts and community：a case study of community engagement in the establishment of a health and demographic surveillance site in Malaysia ［J］. Global Health Action，2014，7（1）.

［2］BAGNALL A M，SOUTH J，TRIGWELL J，et al. Community engagement in practice in the UK：a systematic mapping review ［J］. European Journal of Public Health，2016，26（S1）.

［3］CAMERON W B，MCCORMICK T C. Concepts of security and insecurity ［J］. American journal of Sociology，1954，59（6）.

［4］GARCIA A A，OHUERI C W，GARAY R，et al. Community engagement as a foundation for improving neighborhood health ［J］. Public Health Nursing，2021，38（2）.

［5］JARVIS D，BERKELEY N，BROUGHTON K. Evidencing the impact of community engagement in neighbourhood regeneration：The case of Canley，Coventry ［J］. Community Development Journal，2012（2）.

［6］KAZEMIPUR A. The community engagement of immigrants in host societies：the case of Canada ［J］. International Migration，2012，50（S1）.

［7］KELLING G L. Police field services and crime：the presumed effects of a capacity [J] . Crime & Delinquency, 1978, 24 (2).

[8] LI M, LIN H C, MAN L, et al. Cross-cultural study of community engagement in second-generation immigrants [J] . Journal of Cross-Cultural Psychology, 2019, 50 (6).

[9] MASLOW A H, HIRSH E, STEIN M, et al. A clinically derived test for measuring psychological security - insecurity [J] . The Journal of general psychology, 1945, 33 (1).

[10] MILTON B, ATTREE P, FRENCH B, et al. The impact of community engagement on health and social outcomes: a systematic review [J] . Community Development Journal, 2011, 47 (3).

[11] DI NAPOL I, DOLCE P, ARCIDIACONO C. Community trust: a social indicator related to community engagement [J] . Social Indicators Research, 2019, 145 (2).

[12] NAION M, BESS K, VOIGHT A, et al. Levels of community engagement in youth violence prevention: the role of power in sustaining successful university-community partnerships [J] . American Journal of Community Psychology, 2011, 48 (1/2).

[13] PARK S, KIM S. The degree of community engagement: Empirical research in Baltimore City [J] . Jura Journal of Urban & Regional Analysis, 2014 (2).

[14] SUN I Y, HU R, WONG D, et al. One country, three populations: Trust in police among migrants, villagers, and urbanites in China [J] . Social Science Research, 2013, 42 (6).

[15] SUN I Y, HU R, WU Y. Social capital, political participation, and trust in the police in urban China [J] . Australian & New Zealand Jour-

nal of Criminology, 2012, 45 (1).

[16] SUNDEEN R A, MATHIEU J T. The fear of crime and its conse-
quences among elderly in three urban communities [J] . The Gerontologist,
1976, 16 (3).

[17] TSE S, LAVERACK G, NAYAR S, et al. Community engagement
for health promotion: Reducing injuries among Chinese people in New Zeal-
and [J] . Health Education Journal, 2011, 70 (1).

[18] VAIL J J. Insecure times: Conceptualising insecurity and security
[M] // VAIL J, WHEELOCK J, HILL M (Eds.). Insecure times: Living
with insecurity in contemporary society. London: Routledge, 1999.

[19] VASOO S. Grass-root mobilisation and citizen participation: Issues
and challenges [J] . Community Development Journal, 1991 (1).